Christoph Geyer

Handbuch Zyklische Börsenanalyse

Christoph Geyer

Handbuch Zyklische Börsenanalyse

Saisonale Muster erkennen, verstehen und
systematisch gewinnbringend nutzen

WILEY-VCH GmbH

Alle Bücher von WILEY-VCH werden sorgfältig erarbeitet. Dennoch übernehmen Autoren, Herausgeber und Verlag in keinem Fall, einschließlich des vorliegenden Werkes, für die Richtigkeit von Angaben, Hinweisen und Ratschlägen sowie für eventuelle Druckfehler irgendeine Haftung

© 2025 Wiley-VCH GmbH, Boschstraße 12, 69469 Weinheim, Germany

Alle Rechte, insbesondere die der Übersetzung in andere Sprachen und bezüglich Text und Data Mining sowie Training von künstlicher Intelligenz oder ähnlichen Technologien bleiben vorbehalten. Kein Teil dieses Buches darf ohne die schriftliche Genehmigung des Verlages in irgendeiner Form – durch Photokopie, Mikroverfilmung oder irgendein anderes Verfahren – reproduziert oder in eine von Maschinen, insbesondere von Datenverarbeitungsmaschinen, verwendbare Sprache übertragen oder übersetzt werden. Die Wiedergabe von Warenbezeichnungen, Handelsnamen oder sonstigen Kennzeichen in diesem Buch berechtigt nicht zu der Annahme, dass diese von jedermann frei benutzt werden dürfen. Vielmehr kann es sich auch dann um eingetragene Warenzeichen oder sonstige gesetzlich geschützte Kennzeichen handeln, wenn sie nicht eigens als solche markiert sind.

Hinweis:
Wir haben uns bemüht, in diesem Buch eine inklusive Sprache zu wählen, die alle Geschlechter berücksichtigt. Sollte an einigen Stellen darauf verzichtet worden sein, dann nur im Sinne der leichteren Lesbarkeit. Entsprechende Begriffe und Formulierungen gelten dann im Sinne der Gleichbehandlung natürlich für alle Geschlechter.

Bibliografische Information der Deutschen Nationalbibliothek
Die Deutsche Nationalbibliothek verzeichnet diese Publikation in der Deutschen Nationalbibliografie; detaillierte bibliografische Daten sind im Internet über http://dnb.d-nb.de abrufbar.

Print ISBN: 978-3-527-51227-0
eBook ISBN: 978-3-527-85294-9

Umschlaggestaltung: Susan Bauer
Umschlagfoto: Alexander Limbach – stock.adobe.com
Satz: Straive, Chennai, India
Druck und Bindung: CPI Group (UK) Ltd, Croydon, CR0 4YY

C9783527512270_230125

Bevollmächtigter Vertreter des Herstellers gemäß EU-Produktsicherheitsverordnung ist die Wiley-VCH GmbH, Boschstr. 12, 69469 Weinheim, Deutschland, E-Mail: Product_Safety@wiley.com.

Inhalt

Geleitwort 11
Vorwort 13
Einleitung 15

1. **Wo kommen Saisonalitäten her und was liegt diesen zu Grunde?** 19
   Agrarsaisonalitäten 20
   Steuertermine 21
   Ertragszahlen von Unternehmen 22
   Wie wird ein solcher saisonaler Chart eigentlich erstellt? 22

2. **Wann darf man Saisonalitäten nutzen und wann nicht?** 27
   Ist es erlaubt, gewisse Phasen auszublenden? 30
   Wie wendet man Saisonalitäten an? 32
   Detrending 33

3. **Die Kombination von Saisonalitäten** 35

4. **Saisonalitäten selber bauen oder lieber doch nicht?** 45

5. **Welche Saisonalitäten gibt es?** 49

6. **Wahlen haben großen Einfluss** 51
   Die Präsidentschaftswahlen in den Vereinigten Staaten 51
      Das Wahljahr 51
      Nachwahljahre 54
      Zwischenwahljahre 55
      Vorwahljahre 56
   US-Wahlen und deren Einfluss auf den deutschen Markt 58
      US-Wahljahre beim DAX 59
      US-Nachwahljahre beim DAX 60
      US-Zwischenwahljahre beim DAX 61
      US-Vorwahljahre beim DAX 63

Wie verhält sich der DAX im Wahlzyklus der
Bundestagswahlen? 64
Wahljahre zum Deutschen Bundestag beim DAX 65
Nachwahljahre zum Deutschen Bundestag beim DAX 66
Zwischenwahljahre zum Deutschen Bundestag
beim DAX 68
Vorwahljahre zum Deutschen Bundestag beim DAX 69

7. Sportgroßereignisse 73
Fußballweltmeisterschaften 74
   Fußballweltmeisterschaften der Frauen 74
   Fußballweltmeisterschaften der Männer 75
Fußballeuropameisterschaften 77
   Fußballeuropameisterschaften der Frauen 77
   Fußballeuropameisterschaften der Männer 78
Olympische Spiele 80
   Olympische Sommerspiele beim DAX 80
   Olympische Sommerspiele beim Dow Jones 80
   Olympische Winterspiele beim DAX 82
   Olympische Winterspiele beim Dow Jones 83

8. Spielt die Esoterik eine Rolle? 85
Vollmondphasen beim DAX 87
Wie sieht es mit der Mondfinsternis aus? 88
Sonnenfinsternis 89
Superbowl: Esoterik oder nur mysteriös? 90

9. Weitere spezielle Ereignisse, die saisonale
Effekte haben 95
Volatilität 95
Dreifacher Options&Futures-Verfallstermin 98
Erster Tag des Monats 99
Government Shutdowns 102
Oktober-April-Phase in den USA 104

10. Vor und nach Feiertagen 107
Labor Day 107
Martin Luther King Day 109

Memorial Day	110
Columbus Day	111
Thanksgiving	113
Neujahr	114

11. Notenbank-Events und Datenveröffentlichungen 115
Termine der Federal Reserve (FED)	115
FED-Termin, 2. Tag nach Beginn der Beratungen	115
Zinssenkung durch die FED	116
Zinserhöhung durch die FED	117
Zinsänderung durch die FED	118
Keine Zinsänderung durch die FED	119
Europäische Zentralbank (EZB)	120
Termin der EZB	120
Zinssenkung durch die EZB	121
Zinserhöhung durch die EZB	123
Zinsänderung durch die EZB	123

12. Saisonalitäten bei Einzelwerten 125
Suche nach guten saisonalen Zeiträumen	125
Einzelwerte und Events	128
Amazon-Aktie	129
Walmart-Aktie	130
Mattel-Aktie	130
Notenbanken und Geschäftsbanken	132
Deutsche Bank bei einer Zinserhöhung der EZB	132
Bank of America	133
... und wie steht es mit der Strategie?	134

13. Saisonalitäten im Intraday-Handel 145
Im Intraday-Geschäft erfolgreich sein	145
Intra-Monatscharts	154

14. Was sind die besten Tage? 159
Besondere Wochentage beim DAX	159
DAX in den letzten 64 Jahren	159
DAX in den letzten 25 Jahren	160
DAX in den letzten zehn Jahren	161

Besondere Wochentage beim S&P 500 — 162
S&P 500 in den letzten 96 Jahren — 162
S&P 500 in den letzten zehn Jahren — 163
Besondere Wochentage bei Einzelwerten — 164
   Lotus Bakeries — 164
   Deutsche Bank — 166
   Amazon — 166
   Nvidia — 167
Was sind die besten Monate? — 168
   Monatsstatistik beim DAX — 168
   Monatsstatistik beim S&P 500 — 170
   Monatsstatistik bei Einzelwerten — 171

15. Und was ist mit Gold? — **173**
   Die Heiratssaison in Indien — 173
   Eine Verschwörungstheorie? Oder einfach nur ein Fakt? — 175
   Der Achtjahreszyklus beim Gold — 176
   Bitcoin wird das neue Gold? — 178

16. Kalender der Saisonalitäten — **181**
   DAX/Januar — 182
   DAX/Februar — 183
   DAX/März — 184
   DAX/April — 185
   DAX/Mai — 186
   DAX/Juni — 187
   DAX/Juli — 188
   DAX/August — 189
   DAX/September — 190
   DAX/Oktober — 191
   DAX/November — 192
   DAX/Dezember — 193
   DAX/Monatsübersichten — 194
   S&P 500/Januar — 195
   S&P 500/Februar — 196
   S&P 500/März — 197

Inhalt

S&P 500/April	*198*
S&P 500/Mai	*199*
S&P 500/Juni	*200*
S&P 500/Juli	*201*
S&P 500/August	*202*
S&P 500/September	*203*
S&P 500/Oktober	*204*
S&P 500/November	*205*
S&P 500/Dezember	*206*
S&P 500/Monatsübersichten	*207*
Welche Events erwarten Sie im Jahresverlauf?	*208*
Schlusswort	**211**
Über den Autor	**213**
Stichwortverzeichnis	**215**

Geleitwort

Saisonalität gehört zu den besten und zugleich am meisten unterschätzen Anlagestrategien. Ob Jahressaisonalität für Aktien, ob Monatszyklen oder Eventsstudien – die wenigsten Anleger kennen bisher die sich ihnen bietenden enormen Möglichkeiten, ihre Erträge damit systematisch zu verbessen. Daher ist es umso erfreulicher, dass mit Christoph Geyer endlich ein ausgewiesener Kenner und erfahrener Praktiker die Thematik aufgegriffen hat.

Und das erfolgreich: In »Handbuch zyklische Börsenanalyse. Saisonale Muster erkennen, verstehen und systematisch gewinnbringend nutzen« zeigt er ausführlich und gut nachvollziehbar das Potenzial vieler saisonaler und zyklischer Strategien. Er erklärt nicht nur einzelne Muster, sondern gibt auch praktische Hinweise, wann und wie sie genutzt werden sollten. Das macht sein Werk zu einem Standardwerk der Saisonalität für Theorie und Praxis. Fundamentale Begründungen des Autors, der von Herkunft und Methodik ein Technischer Analyst ist, für die Regelmäßigkeit der Zyklen ergänzen sinnvoll die Analysen.

Als Innovator von Algorithmen zur Analyse und Darstellung saisonaler Marktentwicklungen habe ich mich ausführlich mit Saisonalität, Zyklen anderer Länge und Eventsstudien befasst. Ihr Nutzen für Anleger liegt für mich klar auf der Hand und wurde durch akademische Studien bestätigt. Es überrascht mich, wie gut es Christoph Geyer in seinem Werk gelungen ist, in diesen Themenkreis einzuführen und ihn dann tiefergehend zu behandeln. Das Lesen von »Handbuch zyklische Börsenanalyse« bereitete mir dabei viel Freude! Das Buch schließt eine Lücke in der Börsenliteratur, die seit langem nicht nur im deutschsprachigen Raum, sondern auch international besteht. Ich erachte das »Handbuch zyklische Börsenanalyse« nicht nur als eine intellektuelle Bereicherung, sondern auch als äußerst nützlich für Anleger!

Im Dezember 2024

Dimitri Speck

Vorwort

Eigentlich wollte ich nach meinem Buch »Survival Guide Börse« kein weiteres Buch mehr schreiben. Vier Bücher sind genug, habe ich gedacht. Als das letzte Buch aber abgegeben war und der Herbst angebrochen ist, kam mir der Gedanken, man könnte vielleicht doch noch einmal ein Thema aufgreifen, welches in der Literatur nicht allzu präsent ist. Entweder sind solche Bücher schon recht alt oder in englischer Sprache. Zudem ist mir kein Buch bekannt, das diese Unterart der Technischen Analyse wirklich erklärt und die Anwendung aufzeigt. So habe ich mich entschlossen, dieses Buch über die saisonalen Effekte an der Börse zu schreiben und Ihnen ein weiteres Werkzeug der Technischen Analyse an die Hand zu geben, das Ihnen hoffentlich helfen wird, Ihre Erträge und Erfolge an der Börse zu steigern.

Erwarten Sie bitte nicht, dass Sie mit den hier abgebildeten Charts sofort erfolgreich an der Börse agieren können. Um es schon jetzt vorwegzunehmen: Saisonale Effekte sind dynamisch und ändern sich im Laufe der Zeit. Daher müssen immer wieder Anpassungen vorgenommen werden, die naturgemäß ein Buch nicht leisten kann. Dieses Buch soll eine Erklärung und nicht zuletzt Übersicht geben, was mit saisonalen Charts möglich ist und was nicht.

Ich möchte bei Ihnen die Lust auf dieses Zusatzwerkzeug wecken, damit Sie eine weitere Methode erlernen können, um sich auf dem glatten Parkett der Börse sicherer bewegen zu können.

Saisonalität ist nicht gleich Saisonalität. Die Unterschiede und worauf Sie achten sollten, werde ich in diesem Buch ebenso vorstellen wie die Gefahren, denen man unweigerlich unterliegen kann, wenn man zum Beispiel über einen längeren Zeitraum eine 100-prozentige Trefferquote gefunden hat. Es ist zu verlockend, hier mit größeren Summen einzusteigen. Ich werde Ihnen zeigen, wie Sie dieser Versuchung nicht erliegen werden. Die Verantwortung liegt natürlich wie immer bei Ihnen. Aber ich hoffe, ich werde Sie auf den rechten Weg bringen können.

Als ich das Buch zu schreiben begonnen habe, habe ich auch darüber nachgedacht, wie ich eigentlich zur Saisonalität gekommen bin. Ich war es irgendwann leid, immer wieder einer Story hinterherzulaufen. Es war nicht etwa so, dass alle Storys, auf die ich gewettet hatte, nicht aufgegangen wären. Vielmehr, und das hat mich zum Nachdenken gebracht, sind die Storys zwar in meinem Sinne oft gelaufen, die Reaktion des Kurses war aber nicht wie gewünscht. In den allermeisten Fällen musste ich Verluste erleiden, obwohl meine Erwartung um die Geschichte eingetreten ist.

Ich habe mich also davon verabschiedet, immer wieder auf eine Story aufzuspringen und auf diese Weise zu versuchen, mit Aktien erfolgreich zu sein.

Gleichzeitig habe ich mich auf die Suche nach einer verlässlichen Methode begeben. Als ausgebildeter Technischer Analyst und Ausbilder bin ich dann unweigerlich auch auf die saisonalen Effekte gestoßen und durfte feststellen, dass in Verbindung mit der Technischen Analyse meine Erfolgsquote eine deutliche Verbesserung erfahren hat. So wurde ich nach und nach ein Fan von Saisonalitäten und treffe heute an der Börse so gut wie keine Entscheidung mehr ohne dieses statistische Hilfsmittel.

Im Dezember 2024

Christoph Geyer

Einleitung

Gleich zu Beginn: Auch Saisonalitäten, gleichgültig wie hoch die Trefferquote in der Vergangenheit auch gewesen sein mag, sind nicht als »Stein der Weisen« zu betrachten. Vielmehr ist es ein Werkzeug der Technischen Analyse wie viele andere auch. Die besten Erfolge erzielt man damit, dass man Seasonal-Charts mit anderen Ansätzen verknüpft. Dabei kann man verschiedene Vorgehensweisen wählen.

1. Zunächst wird das Instrument analysiert, das ge- oder verkauft werden soll. Dann wird mit Hilfe des saisonalen Charts eine Bestätigung gesucht. Ebenso kann es dazu führen, dass die zuvor erfolgte Analyse widerlegt wird. Sollte diese bestätigt werden, kann mit den saisonalen Charts ein günstiger Einstiegszeitpunkt gefunden werden.

2. Mit Hilfe der Seasonal-Charts werden günstige Zeiträume für ein Instrument gesucht, bei denen die Performance besonders hoch ausgefallen ist und dies immer in den gleichen Zeiträumen aufgetreten ist. Danach wird mittels Technischer Analyse (Indikatoren, Pattern oder Ähnliches) geprüft, ob ein Ein- oder Ausstiegsszenario vorliegt.

Einfach nur nach den saisonalen Charts zu kaufen oder zu verkaufen, kann gefährlich sein, da die aktuellen Umstände völlig andere sein können als vor einem oder mehreren Jahren.

Eine weitere Vorgehensweise bietet sich an, indem man mehrere saisonale Charts miteinander verbindet. So könnte man zum Beispiel einen Präsidentschaftswahlzyklus (wird später näher beschrieben) mit dem ganz normalen Jahreszyklus vergleichen. Treten zur gleichen Zeit signifikante Bewegungen auf, bestätigt dies den untergeordneten Zyklus.

Zu den Stichworten Zyklus oder saisonale Charts sowie Seasonal-Charts sei noch folgende Erklärung gegeben. Die Börse im Allgemeinen bewegt sich in immer wiederkehrenden Zyklen. Daher ist gerade bei Ereignissen, die sich wiederholen, gerne der Begriff Zyklus zu verwenden. Seasonal-Charts oder saisonale Charts sind das Gleiche und werden von mir verwendet, wie ich es in diesem Moment für angebrachter empfinde.

Dimitri Speck, der Gründer von Seasonax, dessen Charts ich hier dankenswerterweise verwenden darf, betont immer, dass den Saisonalitäten auch ein Ereignis zugrunde liegen sollte. So spielen zum Beispiel Steuertermine in den USA ebenso eine Rolle wie die Veröffentlichungen von Ertragszahlen bei Einzelunternehmen. Bei Steuerterminen wird oft eine Rückzahlung sofort im Markt angelegt. Unternehmen, die eventuell immer zu konservative Schätzungen abgeben, überraschen regelmäßig zum Zeitpunkt der Veröffentlichung der Ertragszahlen. Zu diesem Punkt werde ich später noch einmal kommen.

Gleichwohl können manche signifikante Bewegungen nicht erklärt werden, weshalb diese mit einem anderen Fokus betrachtet werden sollten. Dies bedeutet nicht, dass solche Auffälligkeiten nicht genutzt werden sollten. Es muss dem Anwender lediglich bewusst sein, dass er nur die Statistik zur Verfügung hat, ohne den Hintergrund zu wissen.

Die Beispiele, die ich in diesem Buch aufzeigen werde, können teilweise erklärt werden. Wenn mir die Gründe bekannt sind, werde ich sie Ihnen nicht vorenthalten. Wenn ich keine Begründung liefern kann, müssen Sie sich Ihr eigenes Urteil bilden.

Die Charts mit dieser speziellen saisonalen Darstellung sind anders zu lesen als Charts, die Sie aus der klassischen Technischen Analyse her kennen. Zudem sind sie dynamisch, da sie sich ständig verändern. Das bedeutet, dass immer neue Zeitreihen hinzukommen, die dann natürlich auch ständig einen mehr oder weniger anderen Chart entstehen lassen. Daher werden die meisten der hier verwendeten Charts spätestens in einem Jahr veraltet sein.

Einleitung

Auch in diesem Sinne sollen die hier abgebildeten Charts als Beispiele verstanden werden und nicht dazu dienen, in der Zukunft tatsächlich angewendet zu werden.

Wie bei allen solchen Veröffentlichungen versteht es sich von selbst, dass die in diesem Buch vorgestellten Strategien oder Wahrscheinlichkeiten keine Aufforderung zum Handel, weder mit Derivaten noch anderen Instrumenten, darstellen. Handeln Sie verantwortungsbewusst und mit einem guten Money-Management.

Zum Thema Wahrscheinlichkeiten möchte ich an dieser Stelle noch ausführen, dass wohl keine andere Analysemethode für die Darstellung von Wahrscheinlichkeiten geeigneter ist als die Saisonalitäten. Wenn man sich fragt, mit welcher prozentualen Wahrscheinlichkeit eine Erwartung ausgestattet ist, dann kann man diese am besten in den hier vorgestellten Charts wiederfinden. Dabei gilt, wie bei der Wettervorhersage: Wenn eine Wahrscheinlichkeit mit 80 Prozent angegeben ist, bleibt immer noch ein 20-Prozent-Risiko, dass die Erwartung eben nicht eintrifft.

In dieser Einleitung möchte ich zudem noch das Thema Dividenden erwähnen. Bei Einzelwerten, die wir später auch betrachten werden, wird die Dividende nicht berücksichtigt. Das bedeutet, wenn eine Aktie vor Dividendenausschüttung bei 200 Euro stand und 10 Euro ausgeschüttet werden, werden alle früheren Kurse um diesen Ausschüttungsertrag von 5 Prozent gesenkt. Dadurch wird ein Kurssprung im Chart, der nur durch die Ausschüttung verursacht ist, vermieden. Dieser mathematische Trick sorgt also für einen reinen Kurschart, der in seiner Ausprägung nicht verfälscht wurde, weil durch eine Ausschüttung, die naturgemäß vom Kurs abgezogen wird, ein Kurssprung entstanden wäre.

Bei den in diesem Buch abgebildeten DAX-Charts werden Sie sich vielleicht fragen, wie denn 64 Bewertungsjahre zu Stande kommen können, obwohl es den DAX doch noch gar nicht so lange gibt. Die Daten wurden zurückgerechnet, als hätte es den DAX schon gegeben. Es wurde sich also am Vorgängerindex orientiert, sodass eine brauchbare Statistik entstanden ist. Meistens sind aber die nicht ganz so weit zurückliegenden Daten ohnehin wichtiger als die älteren. Es ist trotzdem manchmal ganz gut, längere Zeitreihen zu betrachten.

1 Wo kommen Saisonalitäten her und was liegt diesen zu Grunde?

Saisonalitäten sind in ihrem eigenen Ursprung begründet. Die bekannteste Saisonalität ist sicher die von *Tag und Nacht*. Jeder Mensch weiß, dass es abends dunkel wird, wenn die Sonne untergeht, und morgens wieder hell, wenn sich die Erde so weit gedreht hat, dass die Sonne wieder sichtbar wird. Bereits diese Saisonalität wird an der Börse beziehungsweise in der Wirtschaft genutzt. So gibt es einen besonderen »Overnight«-Zins der Europäischen Zentralbank, der einige Prozentpunkte höher liegt als der normale Zinssatz. Zu diesem erhöhten Satz können Banken über Nacht ihre Gelder bei der Zentralbank parken. Inzwischen gibt es sogar bereits Fonds, die diese verbesserte Vergütung an ihre Kunden in Teilen weitergeben.

Ein weiterer, sicher jedem bekannter Zyklus ist der *Wechsel der Jahreszeiten*, auch wenn diese Saisonalität inzwischen etwas verschwommen ist, da Frühling und Herbst oft mehr oder weniger übergangen werden. Diese Saisonalität ist eine der wichtigsten Phasen für Händler, die sich auf die Agrarmärkte fokussiert haben. So müssen diese Marktteilnehmer in ihrer Prüfung zum Börsenhändler die entsprechenden US-Erntezeiten kennen, da sie Bestandteil des Eignungstests sind. Auch wir hatten in unserer Bank in den ersten Prüfungen für unsere Wertpapierspezialisten diese Thematik abgefragt, da die Prüfung für Optionen und Futures sehr stark an die amerikanische Händlerprüfung angelehnt war. Als wir später feststellten, dass Agrarprodukte für die Anlageberatung unserer Kunden keine Rolle spielen, wurden diese Passagen gestrichen.

Heute könnte man das Thema wieder aufnehmen, da sich inzwischen zahlreiche Derivate-Produkte, hauptsächlich Zertifikate, am Markt etabliert haben, die von Privatkunden ohne Probleme erworben werden können. Solche Zertifikate werden auf viele landwirtschaftliche Erzeugnisse wie Weizen, Mais oder Kakao angeboten und werden in der Preisfindung so gepflegt, dass meist faire Preise gestellt werden.

Agrarsaisonalitäten

Was haben nun *Erntezeiten* mit dem Handel von Agrarrohstoffen zu tun? Es liegt auf der Hand, dass bei hohem Angebot (gleich welchem Gut) die Preise eher niedrig sind. Ist das Angebot gering, die Nachfrage aber unverändert oder sogar ansteigend, werden auch die Preise ansteigen. Wenn also die Erntezeit ansteht, dann werden alle Landwirte darauf bedacht sein, ihren Ernteertrag auch möglichst zeitnah an den Mann oder die Frau zu bringen, da Lagerkapazitäten oft rar und damit teuer sind. Entsprechend viel Angebot ist auf dem Markt und drückt dadurch die Preise. Im Winter gehen die Vorräte auch in den Silos naturgemäß zurück und die nächste Ernte ist erst in einigen Monaten zu erwarten, was dazu führt, dass die Preise nach oben gehen, denn der Bedarf an Agrarrohstoffen ist im Winter ähnlich hoch wie im Sommer. Diese Preisschwankungen können an den Futures-Märkten (hier wird versucht, den Marktteilnehmern eine möglichst gesicherte Preiskalkulation zu ermöglichen) deutlich sichtbar sein.

Zwischen August und Oktober wird in den USA der meiste Mais geerntet, weshalb hier die Preise deutlich sichtbar rückläufig sind.

Diese auf den ersten Blick recht einfache Möglichkeit, durch Spekulationen an den Schwankungen teilhaben zu können, darf aber nicht überschätzt werden. Viele Wetterereignisse, die sich über die gesamte Welt im Allgemeinen und in den USA im Speziellen verteilen, haben auf die Preisfindung entsprechende Auswirkungen. So ist die gefürchtete Hurricane-Saison in den Vereinigten Staaten immer wieder für Überraschungen gut. Diese fällt in einigen Jahren stärker aus, in anderen weniger stark. Die Auswirkungen bei der Preisfindung werden sich auch daran orientieren.

Steuertermine

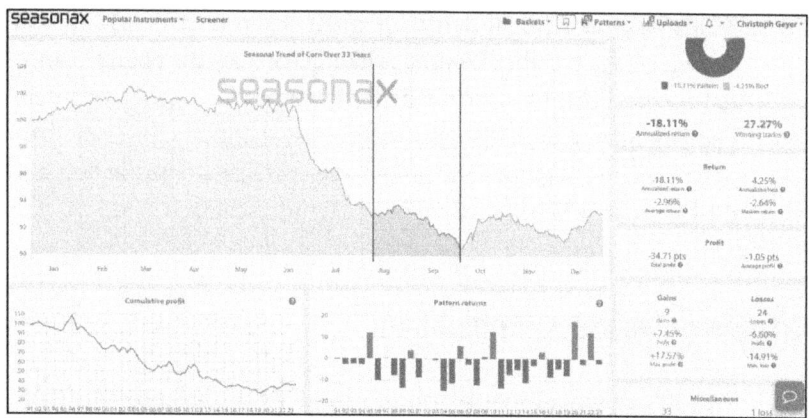

Abbildung 1.1: Übersicht über alle Statistiken, die für eine Beurteilung relevant sind; Mais in der Jahresdarstellung

Somit sind die Schwankungen, wie bei allen saisonalen Charts, von vielen Faktoren abhängig und stellen damit nur eine Orientierungsgröße für einen bestimmten Zeitraum dar.

Steuertermine

Eine Saisonalität ganz anderer Art stellen in den USA die Steuertermine dar. Was bei uns in Deutschland eher weniger ausgeprägt ist, kommt in den USA häufig vor. So gibt es spezielle Termine, an denen Steuerrückzahlungen erfolgen, was dann zu einem gesteigerten Konsumverhalten der Bürger führt. Diese möglicherweise erhöhte Kaufbereitschaft spiegelt sich dann entsprechend in den Ertragszahlen der Wirtschaft wider. Allerdings sollten diese Effekte ebenfalls nicht überbewertet werden. Zum einen dürften sie meist nur zeitversetzt einsetzen, und ob diese signifikant erkennbar sind, ist von Branche zu Branche unterschiedlich. Ich habe sie nur erwähnt, um zu zeigen, welche Ereignisse hier zugrunde liegen können, um wiederkehrende Muster zu generieren.

In den Vereinigten Staaten herrscht aber eine andere Einstellung zum Aktienmarkt. Dort gibt es weit mehr Anleger, die sich mit dem Aktienmarkt befassen, als in Deutschland. Auch die

Altersvorsorge wird in den USA nicht selten über den Kauf von Aktien geregelt. Daher kommt es häufig vor, dass die oben genannten Steuerrückzahlungen in den Aktienmarkt investiert werden. Die Signifikanz dieser Investitionen lässt sich nur schwer einordnen. Gleichwohl gibt es Statistiken, die aufzeigen, dass die Beträge, die hier in den Markt fließen, nicht zu unterschätzen sind.

Ertragszahlen von Unternehmen

Was in der Finanzwelt besonders beachtet wird, sind die Veröffentlichungen von Ertragszahlen der Unternehmen. Meist werden Unternehmensdaten einmal im Quartal bekanntgegeben. Mit großer Spannung warten die Analysten auf diese Daten, um dann daraus ihre Schlüsse zu ziehen. Auch wenn die Quartalszahlen oft mit erheblicher Verzögerung zum Entstehen der Erträge veröffentlicht werden, bieten sie für den Fundamentalanalysten doch eine wichtige Richtschnur für seine Berechnungen, Schätzungen und letztendlich Schlussfolgerungen. Da viele Unternehmen zu ähnlichen Zeitpunkten ihre Ertragszahlen der Öffentlichkeit zur Verfügung stellen, haben die Analyseabteilungen in dieser Phase immer besonders viel zu tun. Hier wird dann gerne auch von der *Berichtssaison* gesprochen.

Es gibt Unternehmen, die regelmäßig ihr Licht unter den Scheffel stellen und immer wieder besonders konservative Ausblicke veröffentlichen. Dies kann dazu führen, dass mit der Veröffentlichung der tatsächlichen Daten regelmäßig positive Überraschungen auftreten. Ein Beispiel und mehr zu diesem Thema folgt etwas später.

Wie wird ein solcher saisonaler Chart eigentlich erstellt?

Auch wenn an dieser Stelle nicht die genaue Berechnungsmethodik dargestellt werden kann, so soll doch darauf hingewiesen werden, dass es sich bei den *Seasonax-Charts* um eine taggenaue

Berechnung handelt, die eben auch Rücksicht auf Feiertage oder Wochenenden nimmt. Dabei wird im Jahresverlauf (es sind auch Intraday-Saisonalitäten möglich) die prozentuale Veränderung von einem auf den anderen Tag aufgezeichnet und ein Durchschnitt gebildet. So kann nicht nur die Bewegungsrichtung in einem bestimmten Zeitraum abgelesen werden, sondern auch die durchschnittliche prozentuale Veränderung in dieser Phase.

In Abbildung 1.2 sind drei Charts zu erkennen. Der obere breite Chart zeigt den durchschnittlichen Jahresverlauf des DAX vom 1. Januar bis zum 31. Dezember. Der Zeitraum von Ende März bis Ende April, hier eingegrenzt durch zwei senkrechte Linien, stellt sich als ein besonders günstiger Zeitraum dar.

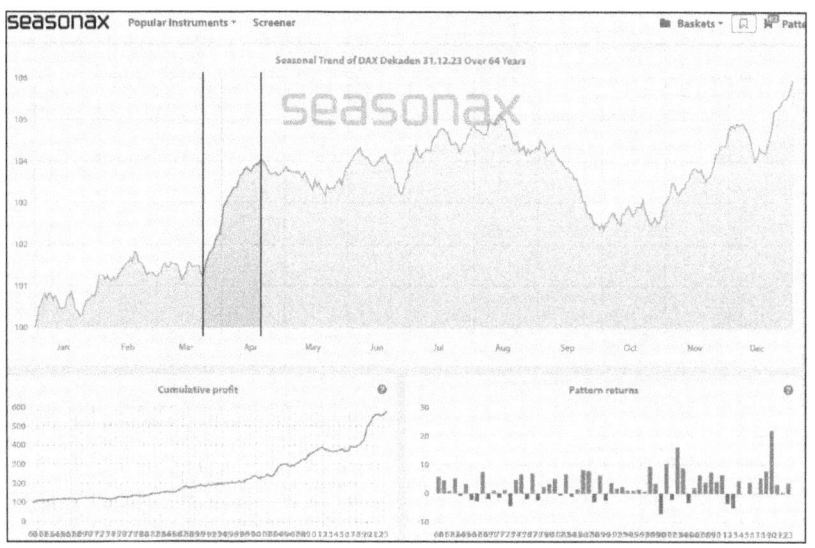

Abbildung 1.2: DAX im Jahresverlauf mit Equity-Line und die jeweilige Jahresperformance

Im unteren linken Chart wird eine Equity-Kurve dargestellt, die die Performance anzeigt, wenn man immer in diesem Zeitraum eine Long-Position eingegangen wäre.

Der rechte untere Chart zeigt die einzelnen Jahre an, aus denen der Durchschnitt im oberen Chart berechnet wurde. Zeigen die

Balken nach oben, war in diesem Jahr im eingegrenzten Zeitraum ein Gewinn zu erzielen. Zeigt der Balken nach unten, wurde im besagten Zeitraum ein Verlust generiert.

Die Charts bei der saisonalen Betrachtung sind ein Aspekt, die Kennzahlen dazu ein weiterer. Diese helfen, die Güte eines saisonalen Musters zu erkennen. In Abbildung 1.3 ist eine ganze Reihe von Kennzahlen dargestellt, die hier erklärt werden sollen.

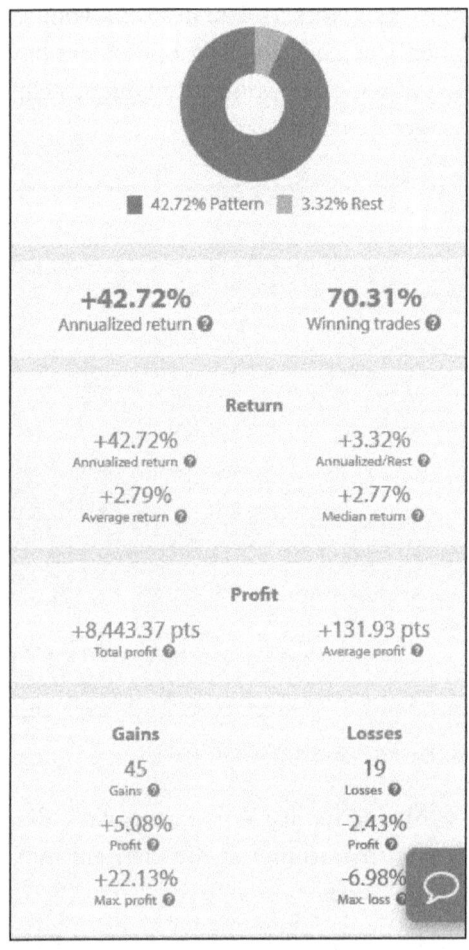

Abbildung 1.3: Kennzahlen der saisonalen Charts

- *Tortendiagramm:* Das Tortendiagramm zeigt die durchschnittliche annualisierte Rendite des hervorgehobenen Zeitraums im Vergleich zur durchschnittlichen annualisierten Rendite des restlichen Zeitraums. Dies ermöglicht einen ersten Eindruck über die Güte eines saisonalen Musters.
- *Annualized Return:* Die annualisierte Rendite ist die auf das gesamte Jahr hochgerechnete Rendite des hervorgehobenen Zeitraums. Sie entspricht dem durchschnittlichen Jahresertrag, wenn diese Muster mit gleicher annualisierter Rendite aneinandergereiht werden würden.
- *Winning Trades:* Prozentualer Anteil der Gewinntrades, die das hervorgehobene Muster im betrachteten Zeitraum generiert hat.
- *Average Return:* Durchschnittliche Rendite des hervorgehobenen Musters.
- *Median Return:* Mittlerer Ertrag des hervorgehobenen Musters.
- *Total Profit:* Kumulierter Profit in Punkten des hervorgehobenen Musters im Berichtszeitraum.
- *Average Profit:* Durchschnittlicher Profit in Punkten des hervorgehobenen Musters während des Berichtszeitraums.
- *Gains:* Anzahl der Anstiege (Rallyes) des Instruments im markierten Zeitraum.
- *Losses:* Anzahl der Rückgänge des Instruments im markierten Zeitraum.
- *Profit bei positiven Prozenten:* Durchschnittliche Rendite bei Rallys.
- *Profit bei negativen Prozenten:* Durchschnittliche Rendite bei Rückgängen.
- *Max. Profit:* Maximaler Profit, der im hervorgehobenen Muster entstanden ist.
- *Max. Loss:* Maximaler Verlust, der im hervorgehobenen Muster entstanden ist.

Nicht alle Kennzahlen müssen vom Anwender genutzt werden. Manche sind nur zur Kenntnisnahme, andere geben wichtige Hinweise für die Strategie. Ich nutze nur einige dieser Kennzahlen, lasse den Blick aber auch über die anderen schweifen.

2 Wann darf man Saisonalitäten nutzen und wann nicht?

Jeder ist für sein Handeln selbst verantwortlich. Dies gilt nicht nur für den Handel an der Börse, sondern generell für alle Entscheidungen. Gerade bei Börsenentscheidungen versuchen sich aber viele Marktteilnehmer auf Empfehlungen oder Tipps von anderen zu stützen. Dabei wird nicht selten nach der im Moment besten *Anlageempfehlung* gefragt, der man folgen solle. Diese Fragesteller interessiert es dabei selten oder nie, wie der Empfehlungsgeber zu seiner Erkenntnis gelangt ist. Hauptsache, die Argumentation ist verständlich und schlüssig, damit man selbst ein gutes Gefühl hat und möglichst viel Geld mit dem Tipp verdienen kann.

Selbstverständlich ist es bequem, wenn ein anderer die Analysearbeit bereits vorgenommen hat – und wenn es schief geht, hat man auch noch jemanden, auf den man schimpfen kann.

Selbst Verantwortung für das eigene Handeln zu übernehmen, ist nicht jedermanns Sache und kostet obendrein noch Zeit. Was die meisten dabei übersehen, ist die Tatsache, dass viele Empfehlungsgeber mit ihren Empfehlungen vor allem Umsatz machen wollen. Oft wird der Umstand nicht berücksichtigt, dass eine eigene Analyse ein viel besseres Gefühl vermittelt, das Richtige zu tun.

Was aber ist das Richtige? Wie immer gibt es auf eine solche Frage keine pauschale Antwort. Vielleicht müsste man eher fragen: *Wie gehe ich richtig vor?*

Im Falle von Saisonalitäten sollte man sich zunächst einen geeigneten Anbieter suchen, der, wie im Fall von Seasonax, eine genaue Berechnung vornimmt, auf die man sich verlassen kann. Selbstverständlich wird es keine hundertprozentige Sicherheit geben. Sollten sich aber einmal falsche Daten eingeschlichen haben, erkennt man das oft auf den ersten Blick, weil die Chartkurve dann einen nicht zu übersehenden Ausreißer aufweist. Einen Hinweis an den Chartanbieter wird dieser oft gerne aufnehmen und zeitnah ändern.

Haben Sie sich dann für einen Anbieter entschieden, lernen Sie mit den Charts zu arbeiten und diese richtig zu lesen.

Wenn man von der Analysemethode der Technischen Analyse kommt, wird man mit dem Thema *Trend* vertraut sein und solche sofort erkennen. Weiter sollte die Beurteilung des Charts aber zunächst nicht gehen.

Suchen Sie nicht nach *Formationen*, die Sie aus der Technischen Analyse kennen. Es ist unwahrscheinlich, dass Sie zum Beispiel auf eine Umkehrformation wie eine Schulter-Kopf-Schulter-Formation (SKS) stoßen werden. Sollte dies ausnahmsweise doch einmal vorkommen, würde das bedeuten, dass immer zum gleichen Zeitpunkt im Jahr bei diesem Index oder dieser Aktie eine SKS entsteht. Das ist ebenso unwahrscheinlich wie das Entstehen anderer Formationen wie zum Beispiel Dreiecke oder Keile. Suchen Sie also erst gar nicht danach. Sie werden keine finden, und wenn doch, hat es andere Ursachen als die klassische technische Formation.

Vielmehr sollten Sie nach ausgeprägten *Auf- oder Abwärtstrends* suchen, die möglichst hohe prozentuale Veränderungen aufweisen.

Wenn nun die aktuelle Lage, also die Technische Analyse, auf einen Kauf hindeutet und der saisonale Chart statistisch ebenfalls anzeigt, dass die Zeit gerade günstig für einen Kauf ist, dann haben Sie eine gute Bestätigung für einen möglichen Einstieg.

Abbildung 2.1 zeigt, dass Anfang Oktober für Allianz eine ganz besonders starke Phase beginnt. Im eingegrenzten Zeitraum zwischen Anfang Oktober und Anfang Dezember konnte die Allianz-Aktie in 26 Jahren eine positive Performance aufweisen. Nur vier Jahre sind in dieser Zeit im Minus gelandet.

Wann darf man Saisonalitäten nutzen und wann nicht?

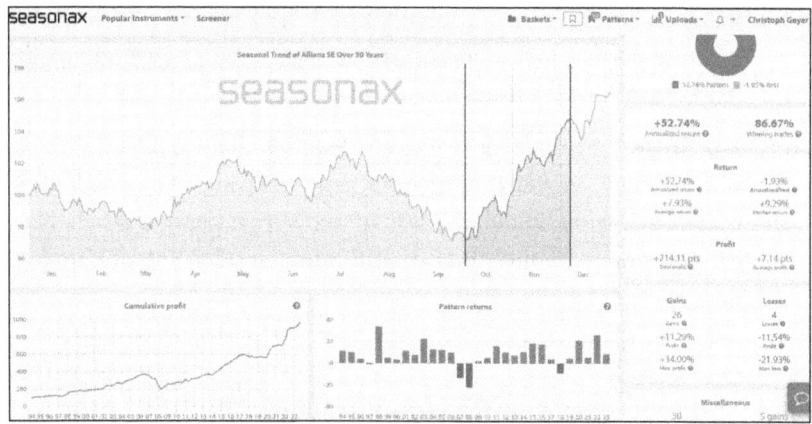

Abbildung 2.1: Allianz-Aktie mit hervorragendem saisonalem Chart im Herbst

Im Jahr 2022 haben sich Ende September gleich mehrere Kaufsignale nach der Technischen Analyse eingestellt. Das auffälligste Signal war sicher die Hammer-Formation, eine Intraday-Stimmungswende, die sich am Anfang einer Inselumkehr gebildet hatte. Neben dieser in Abbildung 2.2 mit einem Kreis versehenen Inselumkehr konnten auch zwei Indikatoren (ebenfalls eingekreist) mit Kaufsignalen aufwarten.

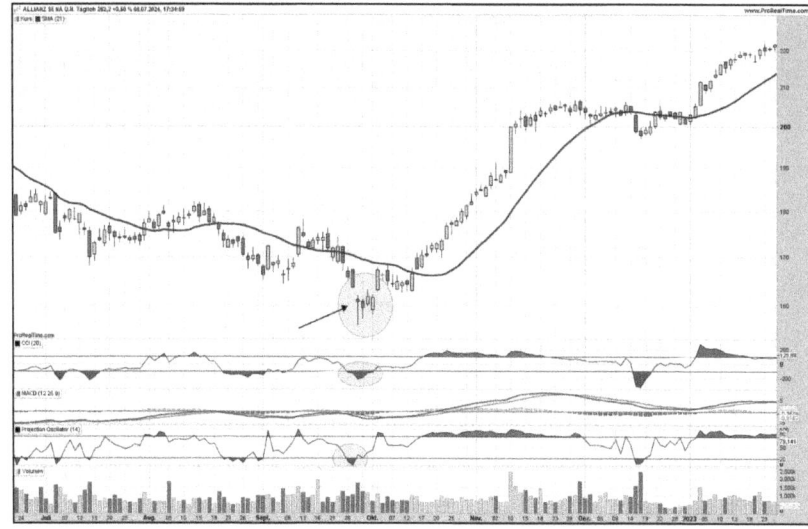

Abbildung 2.2: Allianz-Chart mit diversen Kaufsignalen

Somit haben hier die Saisonalität und die klassische Technische Analyse perfekt ineinandergegriffen, was zu einer besonders guten Performance geführt hat.

Nur in Ausnahmefällen sollte ein Handel allein aufgrund eines statistischen Vorteils vorgenommen werden. Die saisonalen Charts zeigen lediglich auf, was in der Vergangenheit geschehen ist. Sie können keine aktuellen Stimmungen oder Entwicklungen darstellen.

Ist es erlaubt, gewisse Phasen auszublenden?

Eigentlich müsste man diese Frage mit einem klaren »Nein« oder zumindest mit einem »Jein« beantworten. Meine Meinung zur Technischen Analyse ist normalerweise ganz klar definiert: Was gehandelt wurde, steht im Chart, und was im Chart steht, muss auch berücksichtigt werden. Das sehe ich bei den saisonalen Charts ganz ähnlich. Allerdings gibt es Ereignisse, bei denen zwar gehandelt wird, die aber so außergewöhnlich sind, dass sie vermutlich nur einmal vorkommen werden. Eines dieser Ereignisse stellte sicher der *11. September 2001* dar. Hier wurde die Börse für eine Woche in den Vereinigten Staaten geschlossen. Trotzdem brach der Markt kurz vor Schließung und nach Wiedereröffnung exorbitant stark ein. Es muss gewiss nicht besonders erwähnt werden, dass es sich hier um ein besonderes Ereignis gehandelt hat, welches hoffentlich nie wieder passieren wird. In einem solchen Fall ist es sicher erlaubt, die Wochen um das Ereignis herum aus der Beurteilung eines Zeitraums herauszunehmen.

Im Fall des 11. Septembers würde dieses Ignorieren allerdings kaum Auswirkungen auf den Chart haben, da in den folgenden Jahren, nicht zuletzt aus Angst vor weiteren Anschlägen um dieses Datum herum, ebenfalls Kursrückgänge zu beobachten waren.

Einen ähnlichen Fall, der hoffentlich ebenfalls nie wieder vorkommen wird, war der Lockdown aufgrund der *COVID-19-Pandemie*. Hier haben die Börsen ebenfalls sehr sensibel reagiert. Filtert man dieses Ereignis heraus, erhält man einen völlig anderen Chart, wie die beiden Beispiele aus dem Zehn-Jahres-Zeitraum zwischen 2014 und 2023 zeigen (vergleiche in Abbildung 2.3 und Abbildung 2.4).

Abbildung 2.3: Der DAX mit dem Corona-Einbruch

Abbildung 2.4: DAX mit herausgefiltertem Jahr 2020

Es ist im Chart von Abbildung 2.3 deutlich zu erkennen, dass der Durchschnitt im eingegrenzten Zeitraum erheblich nach unten gezogen wird.

In dieser Zeit ist ein deutlicher Einbruch beim DAX von Mitte Februar bis Mitte März zu erkennen.

Ohne das Jahr 2020 ist hier kein Einbruch mehr zu sehen, wenngleich die volatile Lage in diesem Zeitraum keine besondere Performance aufzuweisen hat.

Dieses Beispiel zeigt, wie ein einziges Jahr den Durchschnitt von einem Zehn-Jahres-Zeitraum signifikant verändern kann.

Trotzdem bleibt es bei dem Hinweis, dass man nicht jedes Ereignis ignorieren sollte, nur weil es nicht in das eigene Bild passt. Es muss sich schon um einen extremen Sonderfall handeln, von dem man erwarten kann, dass er sich nicht mehr wiederholen wird. Ein ganz »*normaler*« *Crash* sollte unbedingt beachtet werden, da ein solcher aus verschiedenen Gründen entstehen kann und, wie die Historie zeigt, auch immer wieder einmal im Herbst stattfindet. Wenn man nun alle Kurseinbrüche im Herbst herausfiltert, würde man die Augen vor der statistischen Wahrscheinlichkeit eines Crashs im Herbst und damit der Wirklichkeit verschließen und so in das berühmte offene Messer laufen.

Wie wendet man Saisonalitäten an?

Wenn im Chart ein starker Trend in die eine oder andere Richtung zu sehen ist, bedeutet dies noch lange nicht, dass es sich um eine starke Phase in diese Richtung handelt. Manchmal sieht man einen auf den ersten Blick sehr starken *Aufwärtstrend*. Betrachtet man dann aber die einzelnen Jahre, stellt man fest, dass in den letzten 20 Jahren zwar drei Jahre besonders stark verlaufen sind, aber die restlichen 17 Jahre mit einem Minus abgeschlossen haben. Der daraus berechnete Durchschnitt suggeriert, dass in diesem Zwanzig-Jahres-Zeitraum immer ein Aufwärtstrend stattgefunden hat, obwohl dies nur in drei dieser Jahre der Fall war. Der Umstand, dass in diesen drei Jahren besonders starke Kurssteigerungen zu beobachten waren, beeinflusst den Durchschnitt derart, dass es zu einer solchen Verzerrung kommt.

Man sollte also immer darauf achten, wie dieser Trend zustande gekommen ist – also mit welcher Signifikanz in den Jahren in der Gesamtheit.

Detrending

Auf den ersten Blick wirkt diese Funktion, als mache man sich die Welt, wie sie einem gefällt. Die Technische Analyse und so natürlich auch die saisonale Analyse ist weitgehend eine optische Analyse, die vom Anwender entsprechend vorgenommen wird. Je nach Übung und Erfahrung wird der Anwender aber oft nicht objektiv die Signale, die ein Chart zu bieten hat, erkennen. Um eine bessere Sichtbarkeit für die Trenderkennung zu erreichen, hat Seasonax die Möglichkeit des Detrends eingeführt.

Ohne die genaue Berechnung zu kennen (hier handelt es sich um ein sinnvolles Betriebsgeheimnis), ist diese Funktion auf den ersten Blick eine deutliche Verbesserung für die Analyse. Dabei werden statistische Methoden verwendet, um einen übergeordneten Trend quasi herauszurechnen und nur die eigentlichen Bewegungen anzuzeigen. Gerade bei Aktien, die sich in einem sehr langen Aufwärtstrend befinden, kann eine solche Filterung zur besseren Erkennung von zum Beispiel schwächeren Phasen beitragen.

Eine typische Aktie, die sich seit vielen Jahren in einem Aufwärtstrend befindet, ist Amgen. Abbildung 2.5 zeigt zunächst den Chart ohne das Herausrechnen des übergeordneten Trends.

Ähnlich wie im klassischen Chart ist bei Amgen im saisonalen Chart ein klarer Aufwärtstrend zu erkennen.

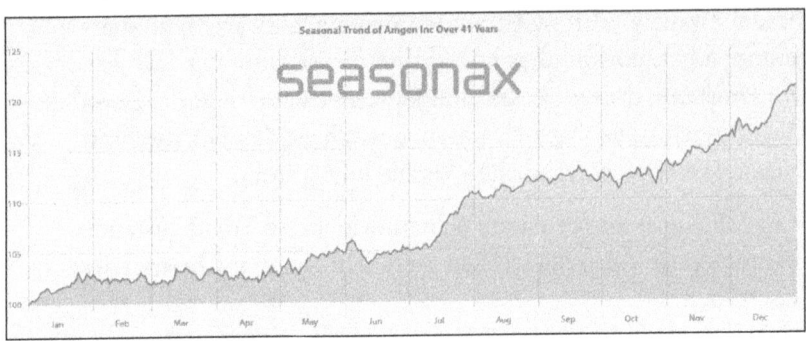

Abbildung 2.5: Amgen in 41 Jahren ohne Detrend

Die Darstellung im detrendeten Chart (siehe Abbildung 2.6) sieht dagegen völlig anders aus, obwohl lediglich der übergeordnete Trend herausgerechnet wurde.

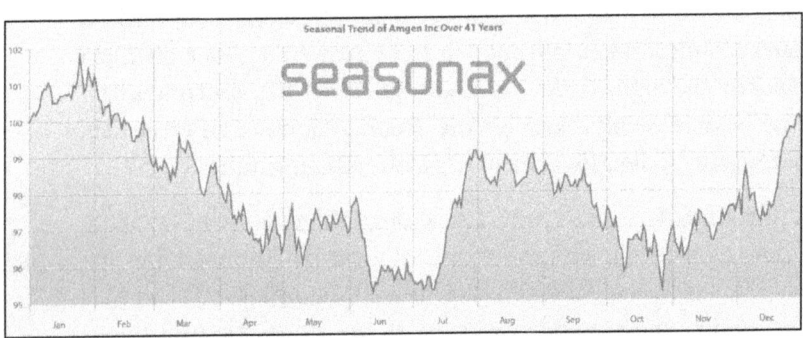

Abbildung 2.6: Amgen in 41 Jahren mit Detrend

Wenn der übergeordnete Aufwärtstrend in dieser Form nicht vorliegen würde, ist klar zu erkennen, dass das erste Halbjahr eher eine bescheidene Performance aufzuweisen hat. Somit kann man zyklische Muster deutlich leichter erkennen, als dies in Abbildung 2.5 möglich ist.

Diese Funktion bietet also eine optische Verbesserung für saisonale Charts an, ohne die eigentliche Kernaussage zu verändern.

3 Die Kombination von Saisonalitäten

Auch wenn ich später in diesem Buch die Kombination von Saisonalitäten noch einmal anhand eines Handelssystems aufgreifen werde, möchte ich hier bereits zeigen, wie man mit verschiedenen Zeiträumen erfolgreich Saisonalitäten verbinden kann.

Dazu sei zunächst die Frage gestellt, warum man überhaupt Saisonalitäten auf verschiedenen Zeiträumen auswerten sollte. Das beste Beispiel dafür ist sicher der in den USA vielbeachtete *Präsidentschaftswahlzyklus*. Der typische Kursverlauf der US-Indizes in einem Wahljahr kann sich nämlich signifikant vom normalen Jahresverlauf unterscheiden. Hinzu kommt dann noch der Zyklus, der sich durch Dekaden unterscheidet. So hat ein Jahr, welches auf eine »4« endet, einen anderen typischen Verlauf als ein Jahr, das zum Beispiel auf eine »5« endet.

Die nachfolgenden Beispiele sollen dies zunächst am S&P 500 illustrieren. Anschließend werde ich erklären, wie man damit umgehen sollte. Dabei habe ich das Jahr 2024 genutzt, in dem ein US-Präsidentschaftswahljahr stattgefunden hat. Auch hier soll nicht verschwiegen werden, dass die Entwicklung des Wahlkampfs und der Ausgang der Wahl zu völlig anderen Marktbewegungen führen kann, als dies vielleicht mit hoher Trefferquote in den abgelaufenen Jahren der Fall war.

Hier wurde über alle Jahre der vorhandenen Daten ein Durchschnitt gebildet, aus dem der in Abbildung 3.1 gezeigte Chart entstanden ist. Der langfristige Aufwärtstrend ist unverkennbar, auch wenn es im September und Oktober einen Rückgang gegeben hat.

Auch in Abbildung 3.2 ist ein Aufwärtstrend zu erkennen, die Bewegungen sind aber ausgeprägter, was nicht verwundern sollte, da hier deutlich weniger Jahre in die Berechnung eingeflossen sind.

Es ist bereits auf den ersten Blick zu erkennen, dass sich die drei Charts signifikant voneinander unterscheiden. Obwohl alle drei

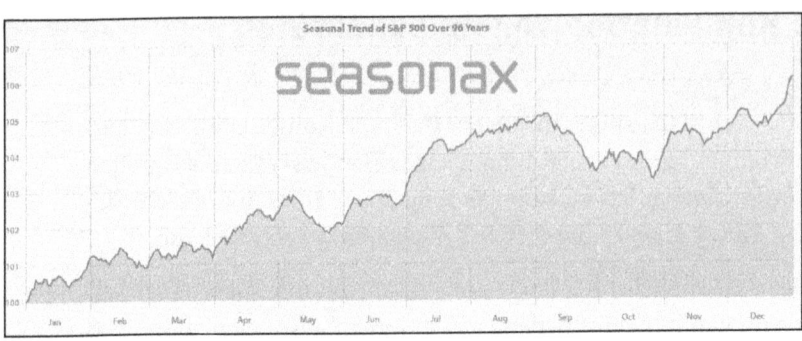

Abbildung 3.1: S&P 500 in den letzten 96 Jahren

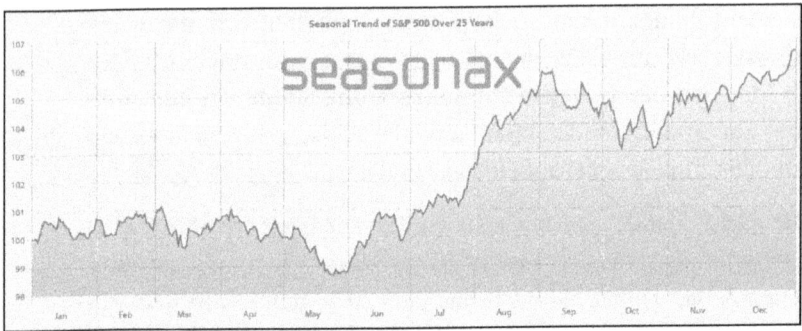

Abbildung 3.2: S&P 500 in Wahljahren

aus dem gleichen 96-Jahres-Zeitraum gefiltert sind, würde man ohne Kenntnis der besagten Eingrenzungen die Charts für drei völlig unterschiedliche Instrumente halten. Diese Darstellungen zeigen, dass gewisse Ereignisse einen anderen Einfluss auf den Markt haben, was nur durch diese Selektion deutlich wird.

Trotzdem lässt sich eine solch unterschiedliche Darstellung besonders gut für die Analyse nutzen. Dazu sollte man sich die auffälligen Zeiträume näher ansehen.

Ein Zeitraum, der auf den ersten Blick auffällt, ist von Mitte Mai bis Mitte Juni. In allen drei Darstellungen ist hier eine Anstiegsbewegung zu erkennen.

Die Kombination von Saisonalitäten

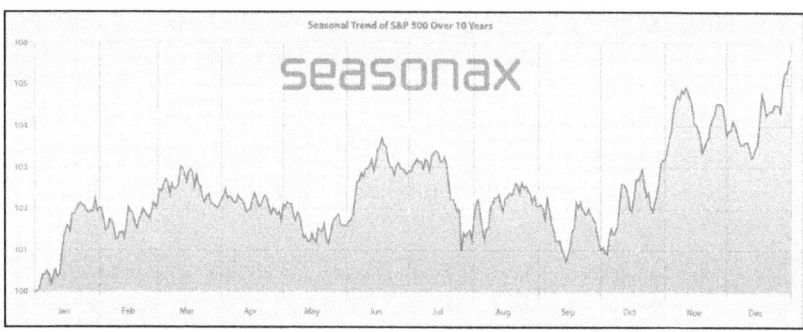

Abbildung 3.3: S&P 500 Dekadenzyklus, hier 4er-Jahre

Schaut man tiefer in die Analyse, bestätigt sich dieser Eindruck mit den in Abbildung 3.4 dargestellten Zahlen.

Ereignis Mitte Mai bis Mitte Juni	Trefferquote in Jahren für den Zeitraum	durchschnittliche Performance	durchschnittliche Performance in Negativjahren
Dekadenzyklus Jahre	9-1	3,20 %	−0,80 %
Präsidentschaftswahljahre	18-6	4,00 %	−3,50 %
alle Jahre	63-33	3,60 %	−3,70 %

Abbildung 3.4: Auswertung Mitte Mai bis Mitte Juni beim S&P 500 aus 96 Jahren

Alle Zyklen, die hier betrachtet wurden, weisen eine positive Trefferquote auf. Beim Dekadenzyklus ist der Zeitraum von Mitte Mai bis Mitte Juni mit neun positiven und nur einem negativen Jahr besonders auffällig. Aber auch die anderen Zeiträume brillieren durch besonders hohe Trefferquoten, die ein Verhältnis von zwei zu eins aufweisen. Die durchschnittliche Performance zwischen 3,2 Prozent und 4 Prozent kann sich ebenfalls sehen lassen, wenn man bedenkt, dass es sich hier nur um einen Zeitraum von einem Monat handelt.

Somit hat der auf den ersten Blick aufgefallene Zeitraum den Erwartungen entsprochen. Solche signifikanten gegenseitigen Bestätigungen eignen sich somit für eine kurzfristige Investition.

Einen Stopp sollte man dort setzen, wo der durchschnittliche Verlust in den negativen Jahren liegt.

Ein Zeitraum, der zumindest in zwei der drei Charts recht vielversprechend aussieht, ist der von Ende Juni bis Anfang September. Die Eckdaten sind in Abbildung 3.5 zusammengestellt.

Ereignis Mitte Juni bis Anfang September	Trefferquote in Jahren für den Zeitraum	durchschnittliche Performance	durchschnittliche Performance in Negativjahren
Dekadenzyklus Jahre	5-4	4,40 %	−7,20 %
Präsidentschaftswahljahre	16-7	9,20 %	−1,90 %
alle Jahre	62-32	6,50 %	−5,70 %

Abbildung 3.5: Auswertung Ende Juni bis Anfang September beim S&P 500 aus 96 Jahren

Dieser Zeitraum stellt sich ebenfalls vielversprechend dar, auch wenn der Dekadenzyklus nur eine nahezu ausgeglichene Bilanz aufweisen kann. Hier fällt auf, dass in den negativen Jahren eine besonders hohe durchschnittliche negative Performance erzielt wurde. Auch die 32 negativen Jahre der Gesamtauswertung liegem mit einem Minus von 5,7 Prozent besonders hoch. Daher ist dieser Abschnitt, gerade in 4er-Jahren, mit einer gewissen Vorsicht zu genießen.

»Wenn es schlecht läuft, läuft es schlecht.« Ziel dieser Aussage ist nicht, Sie zu verwirren oder zu belustigen. Vielmehr fällt auf, dass negative Jahre oft mit einer höheren Minusperformance aufwarten als positive Jahre mit einer Performance im Plus. Dies zeigt sich auch im nächsten definierten Zeitraum, der Anfang Oktober beginnt und in der ersten Novemberhälfte endet (vergleiche Abbildung 3.6).

Der Dekadenzyklus beeindruckt hier mit einer 100-Prozent-Trefferquote. Alle neun untersuchten Jahre in diesem Zeitraum haben im Plus geschlossen. Die Präsidentschaftswahljahre sehen auf den ersten Blick ebenfalls recht positiv aus,

Die Kombination von Saisonalitäten

Ereignis Anfang Oktober bis Anfang November	Trefferquote in Jahren für den Zeitraum	durchschnittliche Performance	durchschnittliche Performance in Negativjahren
Dekadenzyklus Jahre	9-0	4,20 %	
Präsidentschaftswahljahre	17-7	3,10 %	−7,60 %
alle Jahre	68-28	5,00 %	−8,50 %

Abbildung 3.6: Auswertung Anfang Oktober bis in die erste Novemberhälfte beim S&P 500 aus 96 Jahren

wenngleich bei den sieben negativen Jahren ein durchschnittlicher Verlust von über 7 Prozent verkraftet werden muss. Die durchschnittlichen gut 3 Prozent in den 17 positiven Wahljahren nehmen sich dagegen eher bescheiden aus. Die negativen Jahre im gesamten Zeitraum sind mit durchschnittlich über 8 Prozent Minus beachtlich. Daher ist dieser Zeitraum, wenn man alle drei Ansätze betrachtet, nicht sehr überzeugend. Zumindest wird man hier immer wieder mit negativen Jahren rechnen müssen, die zum Teil auch heftig ausfallen können.

Der letzte betrachtete Zeitraum soll die typische Jahresschlussrallye eingrenzen. Da diese in den Vereinigten Staaten meist bereits Ende Oktober beginnt (in den Medien kommt das Thema allerdings oft erst Mitte oder Ende November auf), habe ich den gerade beschriebenen Zeitraum in Teilen dazu genommen, was zu dem in Abbildung 3.7 dargestellten Ergebnis führt.

Ereignis Ende Oktober bis Jahresende	Trefferquote in Jahren für den Zeitraum	durchschnittliche Performance	durchschnittliche Performance in Negativjahren
Dekadenzyklus Jahre	6-3	6,70 %	−1,10 %
Präsidentschaftswahljahre	17-7	6,10 %	−2,90 %
alle Jahre	69-27	6,00 %	−4,90 %

Abbildung 3.7: Auswertung Ende Oktober bis Jahresende beim S&P 500 aus 96 Jahren

Auch wenn hier der Dekadenzyklus mit 6 zu 3 nicht ganz so positiv abschneidet, darf trotzdem von einer guten Phase in diesem Zeitraum gesprochen werden, da die drei negativen Jahre im Durchschnitt nur gut ein Prozent verlieren. Die anderen Ereignisse können sowohl auf eine gute Trefferquote als auch auf eine gute durchschnittliche Rendite blicken.

Somit zeigt sich, dass die Jahresschlussrallye eine besonders gute Phase darstellt – gleichgültig, mit welchen Zeiträumen man es betrachtet.

Für die Dekaden und Präsidentschaftswahljahre (oder auch andere Wahljahre, wie Vorwahljahre) ist es auf jeden Fall sinnvoll, diese im Konsens zu betrachten. Es ist aber wichtig, dass man den Zusammenhang zwischen Trefferquote und tatsächlicher durchschnittlicher Performance beachtet.

Diese Kombination von Zyklen ist nur eine von vielen, die man analysieren kann. So wäre zum Beispiel vorstellbar, dass man Gold als Edelmetall mit einer Gold-Minen-Aktie vergleicht. Auf diese Weise könnte man zum Ergebnis kommen, dass vielleicht eine Goldmine eine sehr positive Phase vor sich hat, beim Gold selbst aber der gleiche Zeitraum mit einem negativen Vorzeichen belegt ist.

Abbildung 3.8 zeigt einen beispielhaften Vergleich zwischen Gold und Newmont Mining.

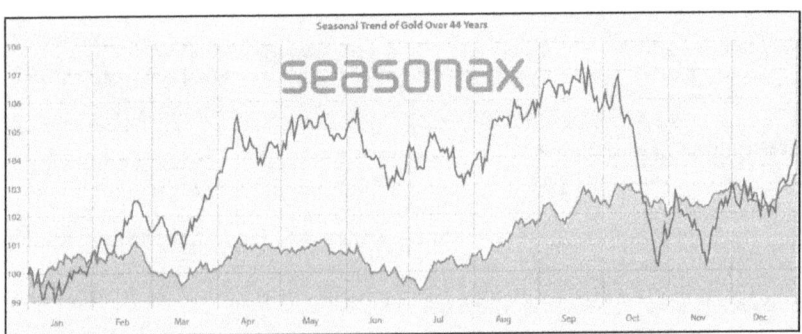

Abbildung 3.8: Gold (Linie mit Schatten) und Newmont Mining (Linie ohne Schatten) im direkten Vergleich

Im Sommer ist zu erkennen, dass Gold ab Anfang Juli mit einer Anstiegsbewegung beginnt, Newmont Mining als größtes Goldbergbauunternehmen der Welt diesen Anstieg aber erst Ende Juli startet. Im Herbst weist Newmont eine deutliche volatilere Bewegung auf als Gold selbst.

Der Vergleich von Gold mit einer kleinen unbedeutenden Minengesellschaft würde gewiss deutlich unterschiedlicher verlaufen. Auf jeden Fall lohnt aber der Vergleich in diesem Sektor, da man nicht selten ein Auseinanderdriften von Gold und Goldminen beobachten kann. Die saisonale Statistik hilft dabei, solche Diskrepanzen aufzuzeigen und vor entsprechenden Fehlinvestitionen zu bewahren.

Ein weiterer Vergleich, der sicher interessant anzuschauen wäre, ist das Industriemetall *Kupfer*. Dieses Metall wird gerade in der Bauwirtschaft besonders viel verwendet und ist damit ein Indikator für die wirtschaftliche Stärke. Hohe Kupferpreise signalisieren also eine starke Bautätigkeit und damit auch wachsende Wirtschaft.

Im Chart in Abbildung 3.9 ist eine deutlich sichtbare starke Aufwärtsbewegung von Anfang Februar bis Mitte April zu erkennen. In 34 von 54 Jahren konnte hier eine durchschnittliche Performance von fast 14 Prozent erzielt werden. Dieser Preisanstieg könnte mit dem Frühjahr zusammenhängen, in dem typischerweise die Bautätigkeit wieder zunimmt.

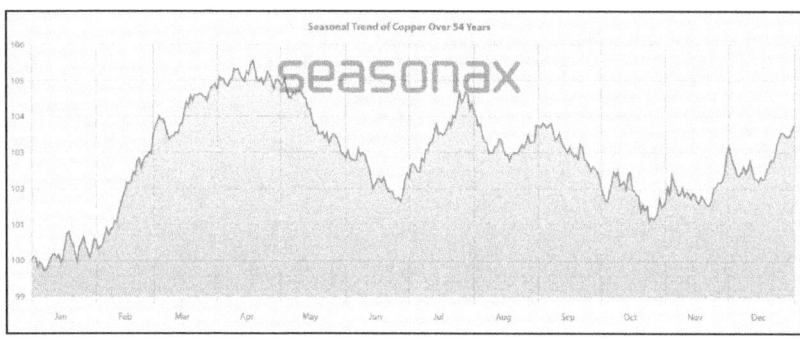

Abbildung 3.9: Kupferpreis im Jahresverlauf

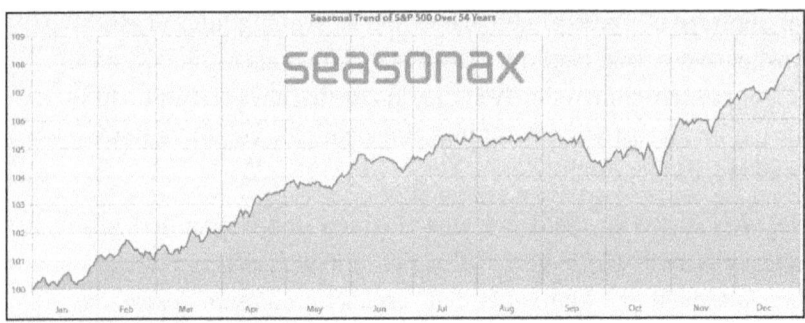

Abbildung 3.10: S&P 500 im Jahresverlauf

Der gleiche Zeitraum bis April beim S&P 500 weist ebenfalls eine sehr gute Statistik auf (vergleiche Abbildung 3.10), sodass hier der Verdacht naheliegen könnte, dass in einem Land, in dem traditionell sehr stark auf Neubaubeginne geachtet wird, hier ein signifikanter Zusammenhang besteht. Im gleichen Zeitraum wie bei Kupfer konnte der S&P 500 Index in 54 Jahren immerhin 39 Mal positiv performen und eine Durchschnittsrendite von rund 6 Prozent in den positiven Jahren vereinnahmen.

Im übereinander gelagerten Chart (Abbildung 3.11) wird das Auseinanderlaufen im Frühjahr besonders deutlich. Im Rest des Jahres performt der S&P 500 Index dagegen deutlich besser als Kupfer. Zum Jahresende können allerdings sowohl Index als auch Industriemetall wieder nahezu im Gleichklang laufen.

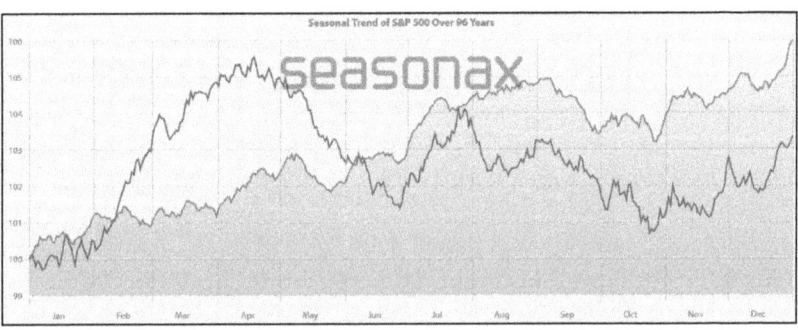

Abbildung 3.11: S&P 500 (Linie mit Schatten) und Kupfer (Linie ohne Schatten) im direkten Vergleich

Die Kombination von Saisonalitäten 43

Diese und weitere Kombinationen können so die persönliche Performance deutlich verbessern. Dabei sind der Kreativität keine Grenzen gesetzt. Man könnte, wenn man einen »Verdacht« hat, auch völlig andere, auf den ersten Blick nicht zusammenhängende Instrumente miteinander vergleichen. Die Möglichkeit, zwei Instrumente in einem Chart abzubilden, um einen optisch einfachen Vergleich vorzunehmen, habe ich ja hier bereits gezeigt.

Ich habe noch eine schöne Grafik (vergleiche Abbildung 3.12) gefunden, bei der Öl mit American Express in einen Chart gebracht wurde, um zu zeigen, wie dies aussehen könnte, obwohl ein Zusammenhang eigentlich absurd sein sollte.

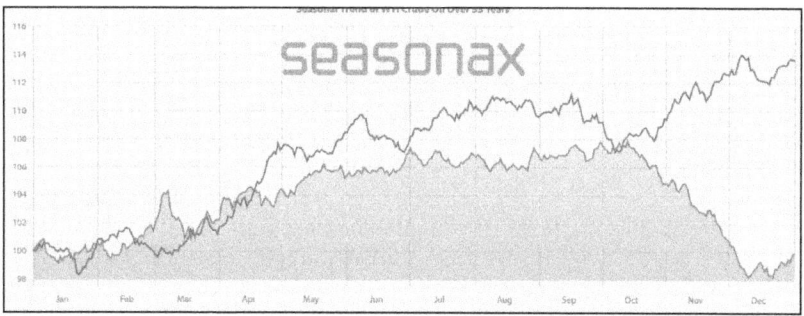

Abbildung 3.12: Vergleichschart Öl (Linie mit Schatten) und American Express (Linie ohne Schatten)

Es gibt zwischen diesen beiden Instrumenten überhaupt keinen objektiv wirtschaftlichen Zusammenhang. Dieser Chart ist lediglich dazu gedacht, aufzuzeigen, dass man viele Möglichkeiten des Vergleichs hat. Und wenn die Statistik zu einem Erfolg führt, heiligt bekanntlich der Zweck die Mittel. Interessant ist in diesem Fall jedenfalls, dass bis zum Oktober offenbar ein statistischer Gleichlauf von Öl und American Express zu beobachten ist, was dann ab Mitte Oktober diametral auseinanderläuft. American Express läuft ab diesem Zeitpunkt nach oben, Öl beginnt zu fallen.

Wenn Sie doch einen wirtschaftlichen Zusammenhang kennen und auch Gewinne mit dieser Konstellation gemacht haben, beglückwünsche ich Sie dafür. Wer hier keinen Zusammenhang sieht, sollte diesen auch nicht konstruieren. Wie gesagt: Der Zweck heiligt die Mittel! Es darf aber nicht zur eigenen Bestätigung verbogen werden.

4 Saisonalitäten selber bauen oder lieber doch nicht?

Bei einem Online-Seminar vor einigen Jahren habe ich das Thema Saisonalitäten im Rahmen einer Technische-Analyse-Schulung als einen Baustein zur Performanceverbesserung vorgestellt. Die Teilnehmer durften und sollten besonders günstige Phasen von einzelnen Aktien heraussuchen und beschreiben. Als Beispiel habe ich den Seasonal-Chart von TUI gezeigt (vergleiche Abbildung 4.1) und wie man damit umgeht.

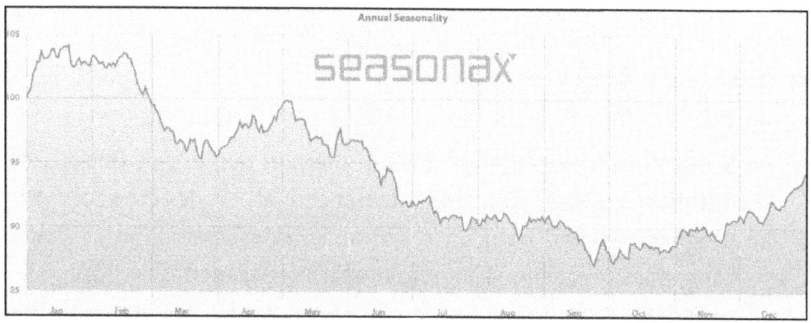

Abbildung 4.1: TUI im normalen Jahresverlauf

Die Ansicht eines saisonalen Charts ist Ihnen aus den bisherigen Kapiteln nun bereits bekannt. Sie wissen inzwischen, dass zur saisonalen Betrachtung auch die Technische Analyse oder ein anderer analytischer Ansatz hinzugezogen werden sollte. Einzelne Zacken im Chartverlauf, wie diese in obigem Chart zu sehen sind, können meist ignoriert werden. Trotzdem kann es eine Signifikanz haben, wenn Ende September ein bedeutendes Tief markiert wird oder Anfang Mai ein sichtbares Hoch. An solchen offenbar wichtigen Tagen werden die Messungen für einen Zeitraum begonnen.

Ein Teilnehmer in meinem Kurs hat mir einen selbst »gebauten« Chart geschickt, da er dies für kostengünstiger hielt und angeblich das Programm der Seasonax-Charts auf seinem Rechner nicht installieren konnte (das Programm muss nicht installiert werden). Der Chart, den er mir geschickt hat, sah in etwa aus wie in Abbildung 4.2 dargestellt.

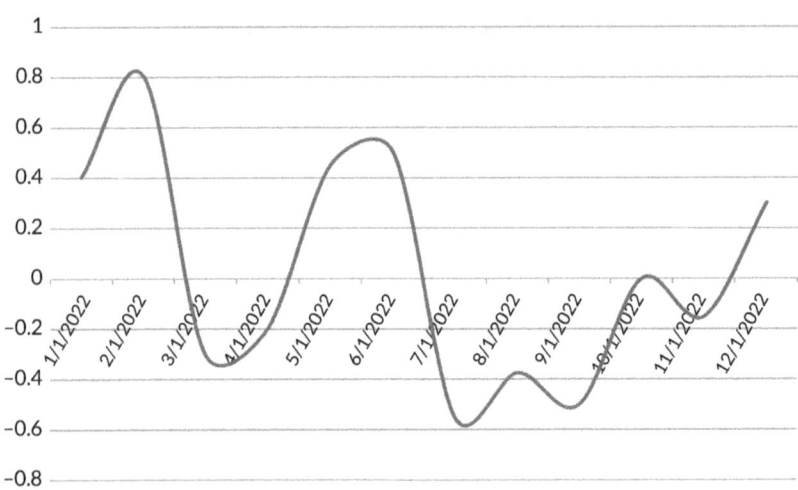

Abbildung 4.2: Die TUI-Aktie in einem selbsterstelltem Chart

Selbst das ungeübte Auge erkennt hier auf den ersten Blick, dass mit diesem Chart nicht viel anzufangen ist. Weder eine Auswertung besonders starker oder schwacher Phasen ist möglich, noch kann man taggenaue Eingrenzungen vornehmen. Die pure Tendenz zeigt nicht auf, wie viele Jahre positiv oder negativ verlaufen sind. Ein solcher Chart ist für seriöse Zwecke der Analyse leider unbrauchbar.

Ich schließe nicht aus, dass es Personen gibt, die solche Charts selbst programmieren können. Diese dürfte man aber an einer Hand abzählen können und sie sind vermutlich mit Programmierfähigkeiten ausgestattet. Ich möchte keinem meiner Leser zu nahe treten, aber die günstigere und vor allem erprobte Variante dürfte sich in den professionellen Charts widerspiegeln.

ThomsonReuters und Bloomberg, die bekannten Nachrichtenagenturen, die in Banken und bei Brokern die meistgenutzten Systeme darstellen, bieten ebenfalls saisonale Charts an, die allerdings von der taggenauen Berechnung etwas abweichen. Davon konnte ich mich in der Zeit, in der ich noch in der Bank tätig war, persönlich überzeugen. Sicher sind diese auch professionell nutzbar und vielleicht hat sich das inzwischen auch geändert.

Allerdings sind solche Terminals für einen Privatanleger sicher keine Alternative, da man hier Beträge im fünfstelligen Bereich aufwenden müsste – monatlich. Der Aufwand wird für einen privaten Investor kaum in einem vernünftigen Verhältnis zum möglichen höheren Ertrag stehen.

Als Fazit muss also die Erkenntnis gewonnen werden, dass ein »Eigenbau« von saisonalen Charts für Privatpersonen ebenso wenig zielführend ist wie die teure Bankalternative.

5 Welche Saisonalitäten gibt es?

Wie schon am Anfang dieses Buches beschrieben, sind in allen Lebensbereichen Saisonalitäten möglich. Einige sind offensichtlich, weil sie das Leben unmittelbar beeinflussen. Hier sind als Beispiele die Abfolgen von Tag und Nacht oder Jahreszeiten zu nennen. Auch Wetterphänomene können wiederkehrende Statistiken aufbauen. Der deutsche Wetterdienst veröffentlicht regelmäßig solche Daten, nicht zuletzt Durchschnittstemperaturen für bestimmte Regionen.

Solche Ereignisse sind jedoch nur selten für ein Trading nutzbar. Es gibt zwar inzwischen auch Wetterderivate, mit denen man auf bestimmte Wetterereignisse wetten kann, die Liquidität in solchen Produkten dürfte aber eher bescheiden sein. Eine faire Preisbildung ist somit nahezu ausgeschlossen.

Für den börsenaffinen Betrachter sind sicher die Produkte am interessantesten, bei denen ein besonders hoher Umsatz festzustellen ist. Darüber hinaus eignen sich Derivate wie Futures besonders gut für die Analyse mit Saisonalitäten, da bei den meisten großen Futures, ebenso wie bei großen Aktien, der Umsatz besonders hoch sein dürfte.

Hier eine kleine Auflistung, welche *Produkte* mit Saisonal-Charts sinnvoll analysiert werden können.

- Metalle,
- Farmprodukte,
- Währungen,
- Zinsen,
- Indizes,
- Aktien,
- Volatilität.

Diese Produkte können in verschiedenen Zyklen dargestellt werden.

Die gängigste *Darstellung* ist die jährliche über den größtmöglichen Zeitraum, der durch die vorhandenen Daten dargestellt werden kann. Aus diesen Daten können dann verschiedene Zeiträume extrahiert werden. So können Dekadenzyklen ebenso aufgezeigt werden wie der Präsidentschaftswahlzyklus in den USA oder der Bundestags-Wahlzyklus in Deutschland. Auch ein selbst definierter Zyklus kann eine sinnvolle Eingrenzung sein, wenn man einen solchen erkannt hat. Gerade bei Tradern dürften die Intraday-Zyklen eine wachsende Bedeutung bekommen. Ich werde in einem späteren Kapitel noch näher darauf eingehen. Selbst einzelne Sektoren können eine Rolle bei der Analyse mit Saisonalitäten spielen.

Wenn Sie regelmäßige Datenaufzeichnungen wovon auch immer haben, können Sie diese in das System hochladen und so Ihren eigenen Saisonalitäten-Chart erzeugen. Eine Möglichkeit ist zum Beispiel, wenn Sie täglich Ihren *Depotstand* über mehrere Jahre notiert haben. Dies könnte für Sie eine aufschlussreiche Erkenntnis bringen, in welchen Monaten des Jahres Sie besonders erfolgreich mit Ihren Investitionen waren und wann es Verbesserungsbedarf gibt. Eine solche Analyse ist natürlich nur sinnvoll, wenn Sie Trader sind und ständig Änderungen in Ihrem Portfolio vornehmen. Wenn Sie eine »Buy and hold«-Strategie verfolgen, können Sie auch gleich den Markt analysieren und sich die Arbeit der Aufzeichnung und des Hochladens sparen.

Neben den produktmäßigen Ansätzen kann aber auch auf Ereignisse geachtet werden, die mit unterschiedlichen Produkten gehandelt werden können. So hat zum Beispiel ein Notenbank-Meeting sowohl auf die Aktien- als auch die Rentenmärkte Einfluss. Einige mögliche weitere Events werde ich in den folgenden Kapiteln noch näher besprechen und mit entsprechenden Charts unterlegen. Dabei sind die Erfolge mit den unterschiedlichen Ansätzen nicht immer so ertragreich, wie man es sich vielleicht vorstellt.

Auch das Thema *Sonnen- und Mondphasen* dürfte für den einen oder anderen von Interesse sein. Ob eine nachhaltige Renditeverbesserung damit zu erwirtschaften ist, werde ich in einem separaten Kapitel beleuchten.

6 Wahlen haben großen Einfluss

Die Präsidentschaftswahlen in den Vereinigten Staaten

Schon seit vielen Jahren ist eine Saisonalität besonders beliebt und beachtet. Es handelt sich dabei um die regelmäßig wiederkehrende Wahl des US-Präsidenten. Da diese Wahl alle vier Jahre stattfindet, wird bei den Saisonalitäten eine Vierteilung dieses Zeitraums vorgenommen. So wird unterschieden nach Wahljahren, Nachwahljahren, Zwischenwahljahren und Vorwahljahren. Dabei hat jedes Jahr einen sehr spezifischen Verlauf. Die einzelnen Jahre möchte ich Ihnen hier separiert aufzeigen und beschreiben.

Das Wahljahr

Ein Jahr, in dem der US-Präsident gewählt wird, ist immer spannend. Dabei beginnt die heiße Phase des Wahlkampfs im Frühsommer oder Sommer, wenn die jeweiligen Präsidentschaftskandidaten von ihren Parteien gekürt werden. Im Jahr 2024 war dies besonders interessant, als die demokratische Partei aus bekannten Gründen von ihrem eigentlich vorgesehenen Kandidaten Joe Biden abgerückt ist und stattdessen Kamala Harris nominiert hat. Wie heute bekannt ist, war dies für die Demokraten nicht von Erfolg gekrönt.

Der eigentliche Wahlkampf geht dann meist im Sommer los und findet seinen Höhepunkt gegen Ende der Herbstmonate. In dieser Zeit werden oft Wahlversprechen gegeben, die naturgemäß nicht alle eingehalten werden.

Ein typisches US-Wahljahr sieht aus wie in Abbildung 6.1 dargestellt.

Der Chart in Abbildung 6.1 zeigt alle Jahre auf, in denen ein US-Präsident gewählt wurde. Dabei geht die Statistik bis ins Jahr

1900 zurück. In diesem Jahr konnte der republikanische Kandidat William McKinley durch den Wahlsieg in seine zweite Amtszeit gehen, die dann 1901 durch ein Attentat beendet wurde. Auf ihn folgte mit Theodore Roosevelt ebenfalls ein Republikaner.

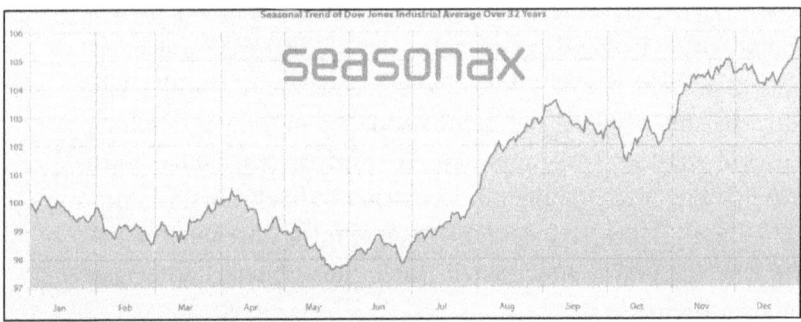

Abbildung 6.1: Dow Jones Industrial Average in Wahljahren

Die Statistik zeigt auf den ersten Blick, dass von Ende Juni bis Anfang September eine besonders starke Phase in solchen Wahljahren vorherrscht. In dieser Zeit kann der Dow Jones in 23 von 41 Wahljahren eine positive Bilanz vorweisen und hier 8,7 Prozent Performance generieren. Wenn man jedes dieser Wahljahre in diesem Zeitraum gehandelt hätte, wäre man in den acht negativen Jahren im Durchschnitt mit einem Minus von nur 2 Prozent davongekommen (vergleiche Abbildung 6.2).

Ereignis Wahljahr	Trefferquote in Jahren für den Zeitraum	durchschnittliche Performance	durchschnittliche Performance in Negativjahren
Mai-September	23-8	8,70 %	−2,00 %
Oktober-November	21-10	6,80 %	−3,00 %
gesamtes Jahr	22-9	15,50 %	−15,10 %

Abbildung 6.2: Übersicht ausgewählter Zeiträume in Wahljahren

Der zweite Zeitraum, der in einem Wahljahr positiv auffällt, ist von Anfang Oktober bis Ende November, also die besonders intensive Phase des Wahlkampfs und die Wochen nach der Wahl, die immer am Dienstag nach dem 1. November stattfindet. Dieser Zeitraum stellt sich zwar nicht ganz so herausragend dar wie der zuvor beschriebene, kann sich mit 21 positiven Jahren aber immer noch sehen lassen. Auch die Performance ist mit knapp 7 Prozent immer noch beachtlich.

Somit sind in Jahren, in denen in den Vereinigten Staaten ein Präsident gewählt wird, zumindest zwei Zeiträume als recht attraktiv für Investments zu bezeichnen.

Betrachtet man das gesamte Wahljahr im Durchschnitt, schließen zwar weitaus mehr Jahre mit einer positiven Performance ab, die Performance hält sich aber in etwa die Waage. Dies bedeutet, dass die Minuszeichen in den negativen Jahren deutlich höher ausfallen als die Pluszeichen in den positiven Jahren. Anders gesagt verliert man in negativen Jahren fast immer zweistellig, während man in den positiven Jahren auch einige Jahre dabeihat, in denen die Performance nur im unteren einstelligen Bereich notiert.

Entsprechend sollte eine einfache »Buy and hold«-Strategie für den gesamten Jahreszeitraum mit Vorsicht betrachtet werden. Beginnt man nämlich mit dieser Strategie ausgerechnet in einem Jahr, welches sich nicht an die Statistik hält, erleidet man möglicherweise einen erheblichen Verlust, den man vermeiden könnte. Die statistisch besonders hohen Minusjahre sollten daher Warnung genug sein.

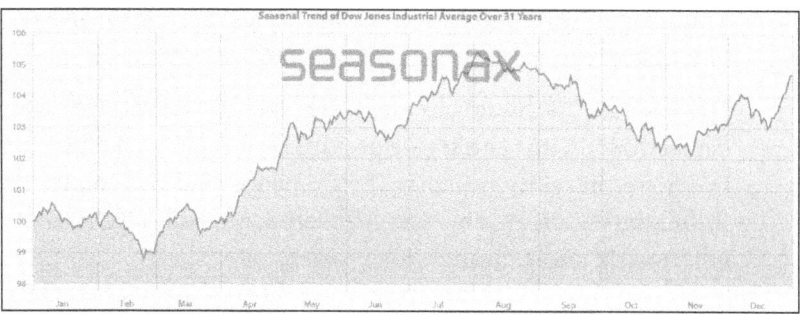

Abbildung 6.3: Dow Jones Industrial Average in Nachwahljahren

Nachwahljahre

Eigentlich müsste man meinen, dass in Nachwahljahren eine gewisse Ernüchterung eintritt. Augenscheinlich ist dies aber nicht der Fall. Sowohl der gesamte Zeitraum kann ein positives Ergebnis aufweisen als auch der Zeitraum von Ende Februar bis Anfang August.

In 23 positiven Jahren in diesem Zeitraum konnten durchschnittlich 11 Prozent Performance generiert werden. Die acht negativen Jahre generieren dagegen nur 4 Prozent durchschnittliches Minus (vergleiche Abbildung 6.4). Damit kann auch in einem solchen Nachwahljahr ein tendenziell positives Ergebnis, zumindest von Februar bis August, erzielt werden.

Ereignis Nachwahljahr	Trefferquote in Jahren für den Zeitraum	durchschnittliche Performance	durchschnittliche Performance in Negativjahren
Februar-August	23-8	11,00 %	-4,00 %
August-November	16-15	5,80 %	-12,00 %
gesamtes Jahr	18-13	22,00 %	-15,00 %

Abbildung 6.4: Übersicht in ausgewählten Zeiträumen in Nachwahljahren

Der zweite auffällige Zeitraum in einem Nachwahljahr stellt sich auf den ersten Blick von Anfang August bis Mitte November ein. Bei näherer Betrachtung ist dies aber ein eher neutraler Bereich. Die Plus- und Minusjahre halten sich etwa die Waage, aber in den Minusjahren wird durchschnittlich mehr als doppelt so viel verloren, als in den guten Jahren gewonnen wird.

Das gesamte Nachwahljahr stellt sich eher als schwieriges Jahr dar, auch wenn im Schnitt eine positive Performance zu sehen ist. Die Jahre mit einer negativen Performance sind mit minus 15 Prozent aber schon sehr herausfordernd, weshalb solche Jahre mit Vorsicht angegangen werden sollten.

Gemäß dieser Statistik sollte man, wie schon in den Wahljahren, das Augenmerk auf den Zeitraum zwischen Februar und August legen, da hier das Risiko von hohen Verlusten statistisch am geringsten ist.

Zwischenwahljahre

Die offenbar schwierigste Zeit im Präsidentschaftswahlzyklus stellen die Zwischenwahljahre dar. Der Präsident ist etabliert und die nächste Wahl ist noch nicht absehbar. Von Wahlkampf kann noch nicht die Rede sein und die Märkte konzentrieren sich eher auf andere Themen als auf Politik.

Wie in Abbildung 6.5 zu sehen ist, ist der einzige signifikante Aufwärtstrend, der auch eine gewisse Nachhaltigkeit aufweist, von Anfang Oktober bis Anfang November. Dieser Zeitraum ist recht kurz und daher nur für kurzfristig orientierte Trader geeignet. Immerhin werden 20 von 30 Zwischenwahljahren in diesem Zeitraum mit einem Plus geführt. Die Performance ist mit gut 7 Prozent für diesen doch recht kurzen Zeitraum durchaus akzeptabel.

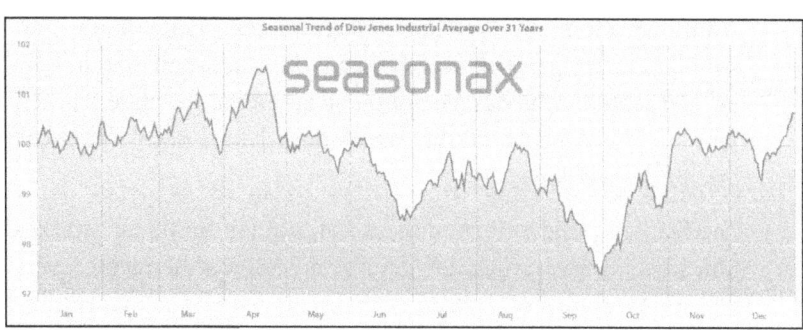

Abbildung 6.5: Dow Jones Industrial Average in Zwischenwahljahren

Auffälliger ist in solchen Jahren aber der Rückgang, der sich von Mitte April bis Ende Juni erstreckt. Die 19 negativen Jahre mit einem durchschnittlichen Minus von über 7 Prozent laden ein, hier eine Short-Position einzugehen (vergleiche Abbildung 6.6).

Ereignis Nachwahljahr	Trefferquote in Jahren für den Zeitraum	durchschnittliche Performance	durchschnittliche Performance in Negativjahren
Oktober-November	20-10	7,20 %	-4,10 %
April-Juni	12-19	4,80 %	-7,60 %
gesamtes Jahr	16-15	15,80 %	-13,20 %

Abbildung 6.6: Übersicht in ausgewählten Zeiträumen in Zwischenwahljahren

Allerdings sollten Short-Positionen nur von erfahrenen Tradern getätigt werden, nicht zuletzt auch deshalb, weil gerade die US-Märkte übergeordnet eher ansteigen. Daher besteht immer die Gefahr, dass man trotz vielversprechender Statistik einen Verlust erleidet. Die Trefferquote mit 12 zu 19 ist in diesem Szenario also nicht ausgeprägt genug, um auf der ohnehin nur vermeintlich sicheren Seite zu sein.

Vorwahljahre

Was soll schon Besonderes an Vorwahljahren sein? Die Politiker beginnen sich wieder mit sich selbst zu beschäftigen und die Bürger sind entweder zufrieden oder unzufrieden mit der bisherigen Administration. Der Wahlkampf beginnt erst in einem Jahr und so sollte doch eigentlich der Markt auf die Ökonomie statt auf die Politik achten. Was das Vorwahljahr zu einem besonders guten Jahr für die Anleger macht, kann somit kaum nachvollziehbar begründet werden.

Die Statistik zeigt jedoch, dass es sich um ein besonders starkes Jahr handelt, wenn man den gesamten Zeitraum betrachtet (vergleiche Abbildung 6.7). 26 der 32 betrachteten Vorwahljahre können auf eine durchschnittlich positive Performance von über 18 Prozent blicken. Aber in solchen Jahren ist auch besondere Vorsicht geboten. Die lediglich sechs negativen Jahre haben eine besonders hohe negative durchschnittliche Bilanz mit minus 23 Prozent aufzuweisen. Allerdings liegen diese Jahre schon sehr lange zurück, weshalb sie keine allzu große Bedeutung mehr haben. Auch hier kann also eine Zahl auf den ersten Blick täuschen, weshalb das Lesen dieser Charts gelernt und geübt werden sollte.

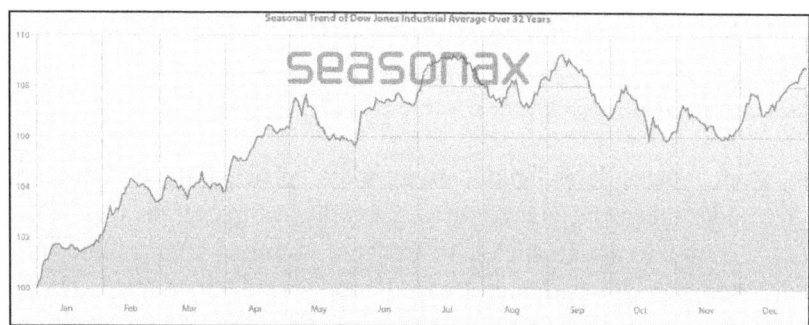

Abbildung 6.7: Dow Jones Industrial Average in Vorwahljahren

Der auffällig beste Zeitraum in Vorwahljahren gestaltet sich vom Jahresbeginn bis Mitte Juli. In 26 Jahren wurde ein durchschnittlicher Gewinn von gut 14 Prozent erzielt. Die 6 negativen Jahre, die wie gesagt in der Mehrzahl schon etliche Jahre zurückliegen, weisen einen durchschnittlichen Verlust in Höhe von gut 11 Prozent aus. Die letzten 21 Vorwahljahre sind allerdings ausnahmslos in diesem Zeitraum mit einem Plus aus dem Rennen gegangen.

Der negativ auffallende Zeitraum in Vorwahljahren erstreckt sich von Anfang September bis Ende Oktober und kann auch nicht durch die Fakten »schöngeredet« werden. Es ist nicht nur die Trefferquote, die mit 15 zu 17 negativ ausfällt, auch die Minusperformance in den negativen Jahren fällt deutlich höher aus als die Positivperformance in den vermeintlich guten Jahren (vergleiche Abbildung 6.8). Für Short-Positionen eignet sich dieser Zeitraum trotzdem nicht, da die Trefferquote nicht signifikant genug ist.

Der Präsidentschaftswahlzyklus ist also eine beachtenswerte Größe, die mit dem »normalen« Jahreszyklus gut verglichen werden kann. Wenn also, wie in Kapitel 3 beschrieben, ein Zeitraum sowohl im entsprechenden Wahlzyklus als auch im Jahreszyklus

Ereignis Vorwahljahr	Trefferquote in Jahren für den Zeitraum	durchschnittliche Performance	durchschnittliche Performance in Negativjahren
Januar-Juli	26-6	14,10 %	-11,10 %
September-Oktober	15-17	4,70 %	-9,80 %
gesamtes Jahr	26-6	18,60 %	-23,40 %

Abbildung 6.8: Übersicht in ausgewählten Zeiträumen in Vorwahljahren

eine besondere Signifikanz aufweist (gleichgültig ob steigend oder fallend), steigt natürlich auch die Wahrscheinlichkeit, dass es im jeweils aktuellen Jahr wieder so kommen könnte. Eine entsprechende Positionierung würde somit eine ertragsversprechende Investition bedeuten. Wenn nun noch eine Chart-Situation dazukommt, die die Statistik unterstützt, steigt die Wahrscheinlichkeit für einen erfolgreichen Trade weiter an.

Ein wichtiger Hinweis zum US-Wahljahreszyklus muss an dieser Stelle noch erwähnt sein, der kaum statistisch in Zyklen gefasst werden kann. Alle zwei Jahre finden nämlich *Wahlen zum Kongress und zum Senat* statt. Diese Wahlen können Einfluss auf die Machtverhältnisse haben und dem Präsidenten das Regieren erschweren oder erleichtern. Wie die konkreten Auswirkungen dann auf die Börse sind, ist ebenso schwer einzuordnen, wie das Ereignis selbst, Stichwort: »Politische Börsen haben kurze Beine.« Nach dieser Erkenntnis lässt sich zwar nicht handeln, aber man sollte es sich zumindest bei seinen Entscheidungen bewusst machen.

US-Wahlen und deren Einfluss auf den deutschen Markt

Die Wirtschaften der Welt sind inzwischen derart miteinander verbunden, dass keine mehr losgelöst von der anderen betrachtet werden kann. Dies wird besonders deutlich, wenn in China eine wirtschaftliche Schwäche prognostiziert wird. Meist reagieren die Weltbörsen auf solche Nachrichten sehr sensibel, da China nicht nur ein bedeutendes Produktionsland ist, sondern längst auch eines der wichtigsten Absatzländer weltweit geworden ist. Ebenso sind die Vereinigten Staaten von Amerika ein wichtiger Handelspartner für Europa und eben auch für Deutschland. Daher lohnt auch ein Blick auf die oben beschriebenen Wahlen in den USA und den damit verbundenen Einfluss auf den DAX. Auch hier sollen alle vier Wahljahrperioden betrachtet werden.

US-Wahljahre beim DAX

US-Wahljahre stellen für den DAX insgesamt recht ansehnliche Jahre dar. Dies ist auf den ersten Blick auch leicht sichtbar. Der Blick in den Chart in Abbildung 6.9 offenbart wieder interessante Einblicke.

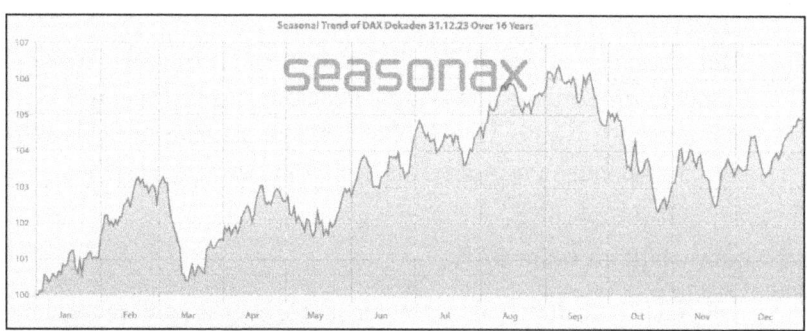

Abbildung 6.9: DAX in US-Präsidentschaftswahljahren

Der auffälligste Zeitraum erstreckt sich von Mitte März bis Anfang September. Der DAX kann in dieser Zeit in 11 Jahren des US-Wahljahres mit einem durchschnittlichen Plus von fast 13 Prozent brillieren. In den fünf Jahren, die im gleichen Zeitraum negativ performt haben, muss ein Minus von durchschnittlich gut 5 Prozent verkraftet werden.

Der Einbruch im März darf keine allzu große Rolle spielen, da hier das Corona-Jahr 2020 mit über minus 27 Prozent die Gesamtstatistik für diesen Zeitraum verfälscht. Wichtiger ist der Zeitraum von Ende September bis Anfang Oktober. Dieser kurze, aber vergleichsweise heftige Rückgang ist das Ergebnis von nur sechs positiven gegen zehn negative Jahre (vergleiche Abbildung 6.10). In den sechs guten Jahren wird zudem nur eine durchschnittliche Performance von 1,6 Prozent erzielt, während die negativen Jahre mit fast 7 Prozent im Minus liegen. Aus Sicht der Statistik ist dies ein guter Zeitraum, Positionen abzusichern oder sogar eine Short-Position aufzubauen.

Ereignis DAX US-Wahljahr	Trefferquote in Jahren für den Zeitraum	durchschnittliche Performance	durchschnittliche Performance in Negativjahren
März-September	11-5	12,70 %	–5,30 %
September-Oktober	6-10	1,60 %	–7,00 %
gesamtes Jahr	11-5	15,8 0%	–13,00 %

Abbildung 6.10: Übersicht in ausgewählten Zeiträumen im DAX in US-Wahljahren

Der Absicherungsgedanke sollte bei solchen statistischen Werten ohnehin im Vordergrund stehen. Bei einer Auswertung, wie sich diese von September bis Oktober darstellt, ist eine Absicherung von bestehenden Positionen unbedingt in Betracht zu ziehen.

US-Nachwahljahre beim DAX

US-Nachwahljahre stellen für den DAX ebenso gute Jahre dar, wie dies in den Vereinigten Staaten auch zu beobachten ist. Hier könnte ein »Mitreißen« der Stimmung aus Amerika eine Rolle spielen (vergleiche Abbildung 6.11).

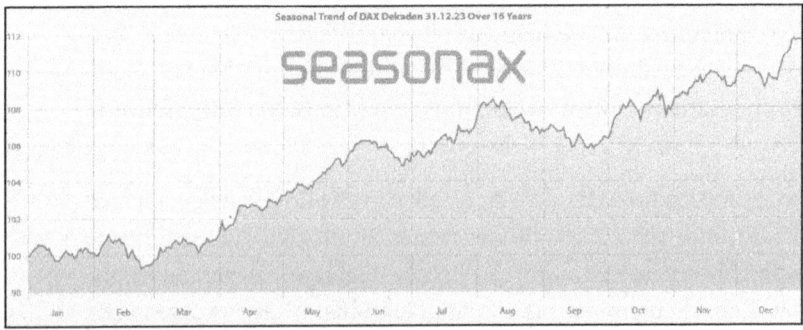

Abbildung 6.11: DAX in US-Präsidentschaftsnachwahljahren

Fast über das gesamte Jahr hinweg ist der DAX in US-Präsidentschaftsnachwahljahren auf dem Weg nach oben. Die erste Auffälligkeit kristallisiert sich von Ende Februar bis Anfang August heraus. In dieser Phase kann der DAX auf 14 von 16 positive Jahre blicken, in denen ein durchschnittlicher Ertrag von gut 13 Prozent erwirtschaftet wird.

Die zweite positive Phase stellt sich von Ende September bis zum Jahresende ein. Die ebenfalls ausgezeichnete Phase weist 13 positive Jahre mit einem Durchschnitt von immerhin noch fast 9 Prozent auf.

Interessant in diesem Jahr ist die Phase von Anfang August bis Ende September. Das ausgeglichene Verhältnis von 8 zu 8 darf nicht darüber hinwegtäuschen, dass in den positiven Jahren der Durchschnitt mit nur gut 3 Prozent Plus deutlich unter dem Durchschnitt der negativen Jahre liegt, welcher mit minus 8 Prozent mehr als doppelt so hoch ist (vergleiche Abbildung 6.12). Wenn man zum Beispiel den Ansatz verfolgt, in einem solchen Jahr eine »Long-only«-Strategie zu fahren, also einfach am Jahresanfang eine Long-Position aufzubauen und diese wieder am Jahresende zu schließen, könnte es eine gute Idee sein, die Position von Anfang August bis Ende September auszusetzen.

Ereignis DAX US-Nachwahljahr	Trefferquote in Jahren für den Zeitraum	durchschnittliche Performance	durchschnittliche Performance in Negativjahren
Februar-August	14-2	13,10 %	-11,70 %
September-Dezember	13-3	8,90 %	-5,70 %
August-September	8-8	3,70 %	-8,00 %
gesamtes Jahr	12-4	25,10 %	-16,70 %

Abbildung 6.12: Übersicht in ausgewählten Zeiträumen im DAX in US-Nachwahljahren

US-Zwischenwahljahre beim DAX

Die Zwischenwahljahre beim DAX ähneln denen des Dow Jones, fallen aber offensichtlich deutlich intensiver aus (vergleiche Abbildung 6.13).

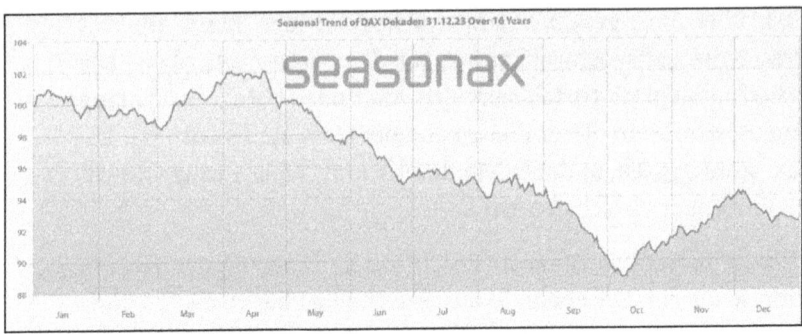

Abbildung 6.13: DAX in US-Präsidentschaftszwischenwahljahren

Selbst ohne besondere Kenntnis über die Technische Analyse oder das Konzept der Trenderkennung sieht man auf den ersten Blick, dass von Ende April bis Anfang Oktober in US-Zwischenwahljahren ein ausgeprägter Abwärtstrend vorliegt. Auch der Blick in die Daten bestätigt diese offensichtliche Erkenntnis. Dieser Zeitraum drängt sich geradezu für eine Short-Position auf, kann doch in 13 Jahren ein durchschnittlicher Ertrag von gut 17 Prozent erzielt werden (vergleiche Abbildung 6.14).

Ereignis DAX US-Zwischenwahljahr	Trefferquote in Jahren für den Zeitraum	durchschnittliche Performance	durchschnittliche Performance in Negativjahren
April-Oktober	3-13	4,20 %	-17,10 %
Oktober-Dezember	12-4	9,90 %	-3,20 %
gesamtes Jahr	8-8	11,10 %	-22,20 %

Abbildung 6.14: Übersicht in ausgewählten Zeiträumen im DAX in US-Zwischenwahljahren

Der zweite auffällige Zeitraum beginnt Anfang Oktober und endet Anfang Dezember. Mit einer Long-Position können hier in 12 Jahren durchschnittlich immerhin noch fast 10 Prozent erzielt werden.

Bei Statistiken, auch wenn sie durch den Präsidentschaftswahlzyklus oder andere Ereignisse eingegrenzt sind, die den Zeitraum von Oktober bis Dezember umfassen, darf nicht vergessen werden, dass es sich hier ohnehin um den bekannten und beliebten Jahresendzeitraum handelt, bei dem eine statistische Wahrscheinlichkeit einer Rallye recht hoch ist. Es kann sich also hier um eine Wahrscheinlichkeit handeln, die aus einem völlig anderen Grund entstanden ist, und möglicherweise besteht gar keinen Zusammenhang mit dem Präsidentschaftswahlzyklus.

US-Vorwahljahre beim DAX

Die Vorwahljahre für US-Präsidenten beim DAX stellen sich fast wie ein Spiegelbild der Vorwahljahre beim Dow Jones dar (vergleiche Abbildung 6.15). Das erste Halbjahr ist von deutlichen Kurssteigerungen geprägt, das zweite eher von einem Seitwärtstrend.

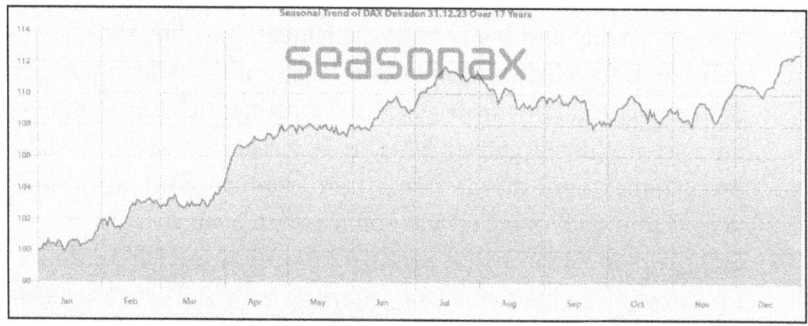

Abbildung 6.15: DAX in US-Präsidentschaftsvorwahljahren

Mit durchschnittlich gut 23 Prozent in 12 positiven Jahren kann sich das Gesamtjahr trotzdem sehen lassen.

Noch etwas besser stellt sich der Zeitraum vom Jahresbeginn bis Mitte Juli dar. Bis auf ein Jahr konnten alle Jahre einen Gewinn in diesem Zeitraum erzielen, der durchschnittlich bei 14,1 Prozent lag (vergleiche Abbildung 6.16).

Der Zeitraum von Juli bis November ist faktisch nicht erwähnenswert, da es keine klare Tendenz gibt und sich die durchschnittlichen Ergebnisse fast die Waage halten, mit einer leicht negativen

Tendenz. Somit sollte in diesem Zeitraum eher keine Position eingegangen werden.

Ereignis DAX US-Vorwahljahre	Trefferquote in Jahren für den Zeitraum	durchschnittliche Performance	durchschnittliche Performance in Negativjahren
Januar-Juli	15-1	14,10 %	-10,30 %
Juli-November	6-10	8,30 %	-10,00 %
gesamtes Jahr	12-3	23,30 %	-21,00 %

Abbildung 6.16: Übersicht in ausgewählten Zeiträumen im DAX in US-Vorwahljahren

Das gute Gesamtjahr darf nicht darüber hinwegtäuschen, dass es immerhin drei Jahre gegeben hat, in denen durchschnittlich 21 Prozent verloren wurden. Solche Jahre dürfen nicht unterschätzt werden. Wenn man also ein Präsidentschaftsvorwahljahr mit einer »Buy and hold«-Strategie handeln möchte, sollte man den Stopp für eine solche Position nicht auf das Maximum der Statistik schlechter Jahre legen. Vielmehr bietet sich hier der Blick auf die einzelnen negativen Jahre an. In diesem speziellen Fall haben nämlich zwei der drei negativen Jahre lediglich ein Minus von 13 und 15 Prozent erzielt. Somit könnte man sich also einen Stoppkurs im Bereich von rund 10 Prozent aussuchen und hier im klassischen Chart eine Unterstützung suchen. Diese kann bei 9 Prozent ebenso liegen wie bei 11 Prozent.

Dieses Vorgehen bietet sich auch bei anderen Investitionen an, um einen sinnvollen Stopp-Kurs zu finden. Dabei ist es unerheblich, ob es sich um eine Aktie oder einen Index handelt.

Wie verhält sich der DAX im Wahlzyklus der Bundestagswahlen?

Die Betrachtung des US-Wahlzyklus und die Auswirkungen auf den DAX sind sicher begründbar durch die Verknüpfungen der

Wirtschaften. Einen wichtigen Einfluss haben aber auch die Wahlen zum deutschen Bundestag.

Die Historie der Wahlen in Deutschland ist zwar nicht ganz so lange wie die in den USA, bietet aber trotzdem eine Möglichkeit der Analyse. Bei Wahlen zum Deutschen Bundestag muss allerdings darauf geachtet werden, dass die Wahlperiode durch Rücktritte oder erfolgreiche Misstrauensanträge manchmal nicht die vollen vier Jahre gedauert hat. Ich habe mich an den Wahlterminen orientiert, was dazu führte, dass es einige Jahre nicht in die Auswertung geschafft haben. So gab es zum Beispiel zwischen den Jahren 1969 und 1972 kein Zwischenwahljahr, sondern nur ein Nachwahljahr und ein Vorwahljahr.

Wahljahre zum Deutschen Bundestag beim DAX

Bundestagswahlen beim DAX fallen durch zwei besondere Zeiträume auf. Der erste Zeitraum ist für die bullish eingestellten Anleger ein guter Zeitraum (vergleiche Abbildung 6.17).

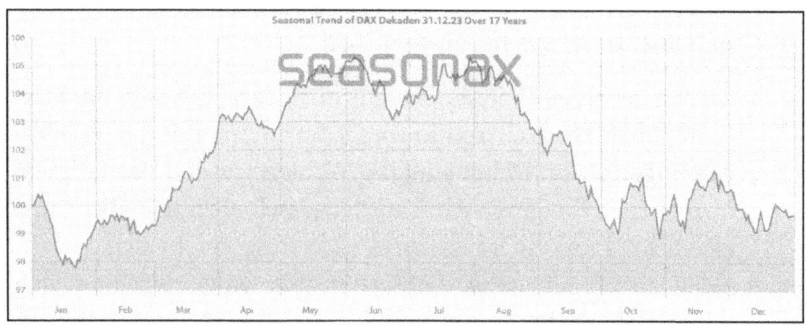

Abbildung 6.17: DAX-Jahresverlauf in Bundestagswahljahren seit 1961

Dieser Zeitraum erstreckt sich von Mitte Januar bis Anfang Juni. Mit durchschnittlich gut 12 Prozent in 13 von 17 Wahljahren kann hier von einer sehr guten Chance auf eine positive Performance gesprochen werden – zumal die vier negativen Jahre nur mit durchschnittlich rund 4,5 Prozent bisher kein besonderes Risiko dargestellt haben (vergleiche Abbildung 6.18).

Ereignis DAX Bundestags-Wahljahre	Trefferquote in Jahren für den Zeitraum	durchschnittliche Performance	durchschnittliche Performance in Negativjahren
Januar-Juni	13-4	12,30 %	-4,50 %
August-Oktober	7-10	5,00 %	-13,10 %
gesamtes Jahr	9-8	20,40 %	-18,00 %

Abbildung 6.18: Übersicht in ausgewählten Zeiträumen im DAX in Bundestags-Wahljahren

Der zweite auffällige Zeitraum erstreckt sich von Anfang August bis Ende Oktober. Dieser offensichtlich negative Zeitraum kann zum Traden eher schlecht genutzt werden, da die positiven gegen die negativen Jahre mit 7 zu 10 kaum eine klare Tendenz aufweisen. Allerdings werden in den negativen Jahren im Durchschnitt rund 13 Prozent verloren, in den positiven Jahren rund 5 Prozent gewonnen. Diese Daten sind so wenig signifikant, dass man in dieser Zeit lieber an der Seitenlinie steht und zuschaut.

Wahljahre in Deutschland insgesamt sind für eine »Buy and hold«-Strategie gänzlich ungeeignet. Die positiven Jahre halten sich mit den negativen die Waage und auch die Performance dieser Jahre ist weitgehend ausgeglichen.

Achten Sie bitte bei dieser Statistik auch darauf, dass es die Bundesrepublik Deutschland in dieser Form erst seit der Wiedervereinigung gibt. Daher sind die Wahlen vor und nach diesem historischen Ereignis auch markttechnisch nicht unbedingt vergleichbar. Eine differenzierte Auswertung der beiden Phasen bleibt aber jedem selbst überlassen. Sie würde allerdings den Rahmen dieses Buchs sprengen.

Nachwahljahre zum Deutschen Bundestag beim DAX

Jahre nach einer Bundestagswahl sehen nicht nur volatil aus, sie sind es auch.

Es gibt mehrere Zeiträume, die sich für einen Trade in die eine oder andere Richtung anbieten. Dabei sieht in Abbildung 6.19 der

Wie verhält sich der DAX im Wahlzyklus der Bundestagswahlen? 67

erste Zeitraum von Januar bis März interessanter aus, als er in Wirklichkeit ist, weshalb ich darauf nicht näher eingehen möchte. Von größerem Interesse sollte die Phase von Anfang März bis Ende April sein. Auch wenn die durchschnittliche Performance nur 6 Prozent beträgt, ist die Trefferquote mit 13 positiven Jahren gegen nur 3 negative doch beachtlich. Die negative Performance beläuft sich auch nur auf bescheidene 2,3 Prozent.

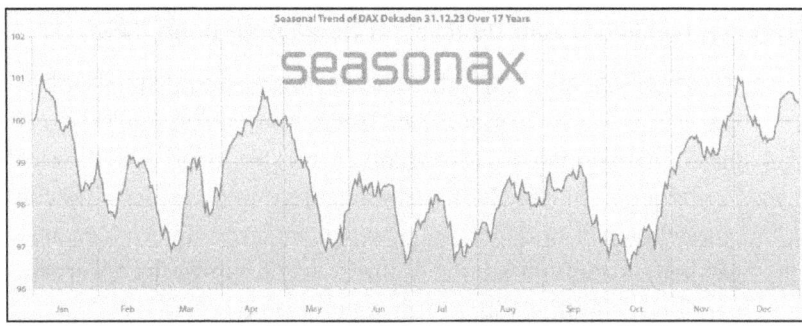

Abbildung 6.19: DAX-Jahresverlauf in Bundestagsnachwahljahren seit 1962

Die nachfolgenden Zeiträume sehen zwar spektakulär aus, weisen aber keine klaren Möglichkeiten aus, sodass der Blick ans Jahresende von Oktober bis Dezember gerichtet werden sollte. Hier kann in 12 positiven Jahren durchschnittlich über 7 Prozent verdient werden, wobei das Risiko in fünf Jahren nur bei durchschnittlich 2,6 Prozent liegt.

Das Gesamtjahr ist, wie die Volatilität bereits zeigt, sehr schwer einzuschätzen. Mit 11 zu 6 Jahren liegt die Performance auf der negativen Seite deutlich im Minus (siehe Abbildung 6.20).

Wenn man die Nachwahljahre zum Bundestag also gemäß dieser Statistik handeln möchte, sollte man sich auf die besagten Zeiträume beschränken und nicht das Gesamtjahr mit einer Halteposition handeln.

Ereignis DAX Bundestags-Nachwahljahre	Trefferquote in Jahren für den Zeitraum	durchschnittliche Performance	durchschnittliche Performance in Negativjahren
März-April	13-3	6,00 %	-2,30 %
Oktober-Dezember	12-5	7,60 %	-2,60 %
gesamtes Jahr	11-6	16,00 %	-21,70 %

Abbildung 6.20: Übersicht in ausgewählten Zeiträumen im DAX in Bundestags-Nachwahljahren

Zwischenwahljahre zum Deutschen Bundestag beim DAX

Es ist fast zu schön, um wahr zu sein. Zwischenwahljahre erfüllen von Januar bis Anfang Juli den Traum eines jeden Traders (vergleiche Abbildung 6.21). Eigentlich gibt es keine 100 Prozent Trefferquote. In den Zwischenwahljahren, wenn es denn welche gab (wie gesagt sind hier einige wegen vorgezogener Wahlen ausgefallen), konnte in allen 13 Jahren ein Gewinn erzielt werden, der durchschnittlich über 11 Prozent brachte.

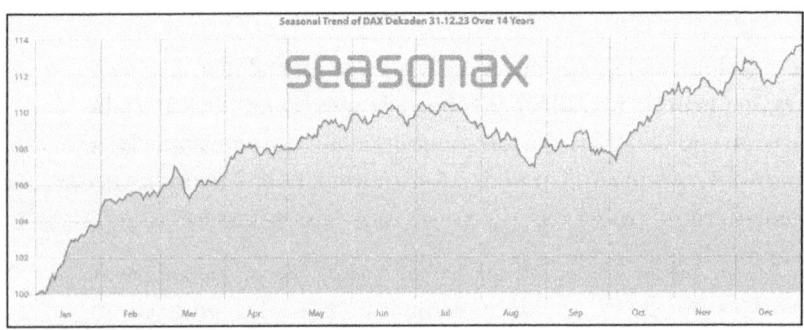

Abbildung 6.21: DAX Zwischenwahljahre in Bundestagswahljahren seit 1959

Wie schon mehrfach betont, kann eine hervorragende Statistik nicht zwangsläufig auf die Zukunft hochgerechnet werden – auch wenn die Wahrscheinlichkeit bei einer solchen Vergangenheit besonders hoch ist. Bei dieser Auswertung muss aber auch der Umstand erwähnt werden, dass die vorgezogenen Neuwahlen am Anfang der Legislaturperiode ja nicht bekannt waren. Daher war ein Vorwahljahr zum Zeitpunkt des Beginns noch ein

Zwischenwahljahr. Nun könnte man solche Jahre für beide Perioden zählen. Dies würde die Statistik aber unnötig verkomplizieren, weshalb ich darauf verzichte und einfach akzeptiere, dass es in einigen Perioden keine Zwischenwahljahre gab. Sie sollten dies aber wissen, damit Sie die Statistik richtig lesen und einordnen können.

Der Blick auf den zweiten auffälligen Zeitraum zeigt von Anfang Oktober bis Ende Dezember neun positive Jahre mit einer Durchschnittsrendite von knapp 10 Prozent (vergleiche Abbildung 6.22). Die drei negativen Jahre verlieren im Schnitt nur 5 Prozent, sodass dieser Zeitraum auch noch eine gute Phase für Longengagements bedeutet.

Ereignis DAX Bundestags-Zwischenwahljahre	Trefferquote in Jahren für den Zeitraum	durchschnittliche Performance	durchschnittliche Performance in Negativjahren
Januar-Juli	13-0	11,30 %	
Oktober-Dezember	9-3	9,80 %	−5,00 %
gesamtes Jahr	9-3	22,90 %	−8,20 %

Abbildung 6.22: Übersicht in ausgewählten Zeiträumen im DAX in Bundestags-Zwischenwahljahren

Wie schon erwähnt, könnte es sich in diesem von Oktober bis Dezember währenden Zeitraum aber auch schlicht um die übliche Jahresendrallye handeln.

Bewertet man das gesamte Jahr, zeigt sich auch hier eine ausgesprochen gute durchschnittliche Performance und auch die Wahrscheinlichkeit kann sich sehen lassen. Aber Vorsicht ist bei den drei negativen Jahren geboten. Wenn es in solchen Jahren abwärts geht, dann wird gleich ein beachtlicher Verlust eingefahren. Wie oben erwähnt, hilft hier ein Stoppkurs, der sich an den bisherigen Tiefstwerten sinnvoll festmachen lässt.

Vorwahljahre zum Deutschen Bundestag beim DAX

In Vorwahljahren fallen gleich mehrere Phasen auf, die möglicherweise zum Handeln geeignet sind (vergleiche Abbildung 6.23).

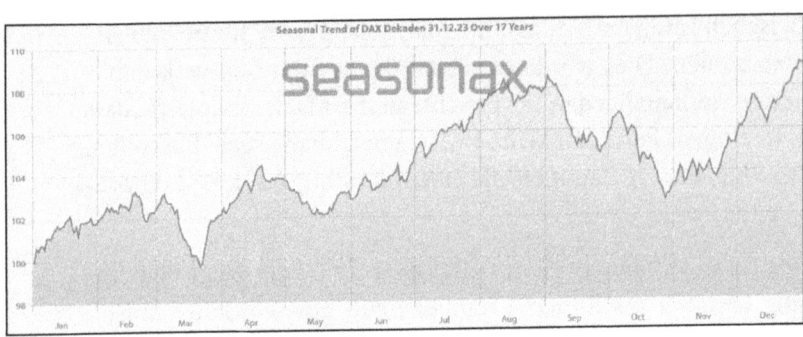

Abbildung 6.23: DAX-Vorwahljahre in Bundestagswahljahren seit 1960

Die erste mögliche Position könnte im März für wenige Tage short eingenommen werden. Hier gibt es zwar immerhin sieben positive Jahre, diese performen aber nur mit gut einem Prozent. In den zehn negativen Jahren kann aber mit einer Strategie, die auf fallende Kurse setzt, immerhin im Schnitt über 6 Prozent verdient werden. Das ist für diesen kurzen Zeitraum ein beachtenswerter Wert.

Gleich am Ende dieser statistischen Abwärtsphase bietet sich dann eine Long-Position an, die bisher in 13 Jahren eine durchschnittliche Rendite von 7 Prozent erzielt hat. Sollte man die vier negativen Jahre ebenfalls gehandelt haben, schlagen diese lediglich mit minus 1,9 Prozent zu Buche.

Die optisch sicher eindrucksvollste Phase in Vorwahljahren erstreckt sich von Mitte Mai bis Mitte August. Hier kann in 13 Jahren eine positive Performance von knapp 11 Prozent erzielt werden. Die vier negativen Jahre sind mit 6,8 Prozent Minus aber nicht außer Acht zu lassen.

Auch wenn in der Zeit von Anfang September bis Ende Oktober sechs Jahre im Plus notieren, beläuft sich die positive Performance auf lediglich 3,3 Prozent. Dagegen stehen 11 negative Jahre mit einem Schnitt von 10,4 Prozent. Dies bedeutet, dass es sich hier um eine statistisch gute Phase für Short-Positionen handelt.

Unmittelbar danach startet dann die Jahresendrallye, die wieder sehr gute 13 Jahre mit einem Schnitt von 10,6 Prozent aufweisen kann. Die vier negativen Jahre sind dann mit einem Schnitt von minus 2,3 Prozent zu vernachlässigen.

Ereignis DAX Bundestags-Vorwahljahre	Trefferquote in Jahren für den Zeitraum	durchschnittliche Performance	durchschnittliche Performance in Negativjahren
März	7-10	1,40 %	−6,80 %
März-April	13-4	7,00 %	−1,90 %
Mai-August	13-4	11,00 %	−6,80 %
September-Oktober	6-11	3,30 %	−10,40 %
Oktober-Dezember	13-4	10,60 %	−2,30 %
gesamtes Jahr	14-3	19,60 %	−24,10 %

Abbildung 6.24: Übersicht in ausgewählten Zeiträumen im DAX in Bundestags-Vorwahljahren

In der Gesamtheit eines Vorwahljahres gibt es also viele Möglichkeiten, statistisch betrachtet, gute Phasen für einen Trade zu nutzen. Eine »Long-only«-Strategie eignet sich in einem solchen Jahr aber eher nicht.

Insgesamt bleibt bei diesem Ansatz festzuhalten, dass Wahlperioden sowohl in den USA als auch in Deutschland einige interessante Phasen aufzuweisen haben, die der Anleger sowohl zum Trading, aber auch zum Timing für Ein- oder Ausstiege nutzen kann. Ebenso können sinnvolle Absicherungsstrategien damit vorgenommen werden.

7 Sportgroßereignisse

Es ist ein offenes Geheimnis, dass viele wichtige und unbequeme politische Entscheidungen in der Zeit eines Sportgroßereignisses getroffen werden, noch dazu, wenn dieses im eigenen Land stattfindet. Der Grund dahinter dürfte sein, dass die Aufmerksamkeit der Medien besonders auf dieses Ereignis gerichtet ist und die Veröffentlichung der politischen Entscheidungen eher am Rande zur Kenntnis genommen wird. Meistens haben solche Entscheidungen nur wenig Einfluss auf die Märkte. Es ist aber zu beobachten, dass einige dieser Großereignisse Signifikanzen bei der Marktbewegung hervorbringen, die sich lohnen, näher betrachtet zu werden. Dabei ist nicht immer ein Auf- oder Abwärtstrend zu erwarten. Auch diese Marktlage soll hier gezeigt werden.

Auch wenn ein Freund von mir einmal gesagt hat, dass er mit Marktbewegungen, die angeblich im Zusammenhang mit Sportereignissen stehen, nichts anfangen kann, ist doch der Blick darauf zumindest erlaubt. Sicher haben solche Ereignisse keinen unmittelbaren Einfluss auf die Märkte, aber wenn es sich über einen längeren Zeitraum zeigt, dass es eine Korrelation gibt (warum auch immer), ist es auf jeden Fall einen Blick wert. Kommt man zu dem Schluss, dass es keinen statistischen Zusammenhang gibt, kann man seine Analyse ja verwerfen. Aber als die Erde noch als Scheibe galt (einige glauben das ja noch immer), konnte man auch nicht schlüssig erklären, warum es morgens hell und abends wieder dunkel wurde. Daher sollte man meines Erachtens nicht gleich jede Überlegung über Bord werfen, nur weil man keine schlüssige Erklärung dafür findet.

Beginnen will ich mit dem Fußball der Frauen und der Männer und hier zunächst die Weltmeisterschaften.

Fußballweltmeisterschaften

Fußballweltmeisterschaften der Frauen

Da es bei den Frauen bislang leider erst neun Weltmeisterschaften gegeben hat, ist die Aussagekraft des Charts natürlich nicht so hoch wie bei den Männern. Auch lohnt der Blick auf die US-Märkte kaum, da die Sportart Fußball (Soccer) in den Vereinigten Staaten eher weniger beachtet wird (hier ist das mit Fußball nicht zu vergleichende Football viel mehr im Interesse der Öffentlichkeit, weshalb ich darauf in Kapitel 8 noch zu sprechen komme), auch wenn die US-Frauen bereits vier der neun Turniere für sich entscheiden konnten.

Bei der Betrachtung wird auf die Eingrenzung des jeweiligen Turnierzeitraums verzichtet, da dieser immer ein anderes Datum hat. Die Phasen des Gesamtjahres geben hier genügend Möglichkeiten für ein Engagement. In Abbildung 7.1 fallen drei Zeiträume besonders auf und weisen auch eine besondere Signifikanz auf.

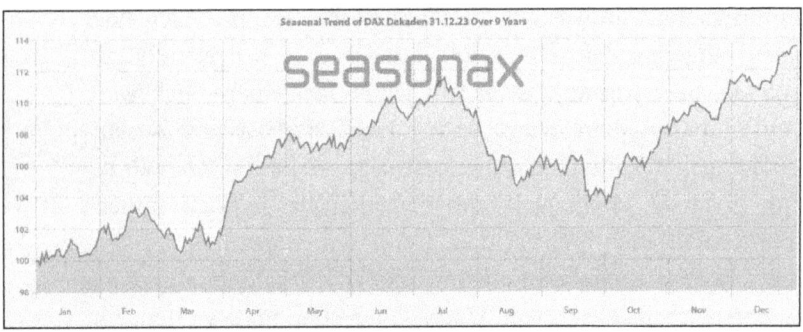

Abbildung 7.1: DAX in Jahren einer Frauen-Fußballweltmeisterschaft

Von Ende Mai bis Mitte Juli kann in acht der neun Turnierjahre eine durchschnittliche Performance in Höhe von gut 14 Prozent erzielt werden. Da das negative Jahr lediglich eine rote Null aufweist, ist dieser Zeitraum nach dieser Betrachtung besonders günstig für einen Trade.

Direkt im Anschluss folgt eine ebenso gute Phase auf der Short-Seite. Alle neun Turnierjahre waren hier von Verlusten geprägt, wenn diese auch mit einem Minus von nur knapp 8 Prozent zu Buche stehen.

Nach dieser Short-Phase kann dann wieder ein besonders positiver Zeitraum genutzt werden. Es sind erneut acht der neun Jahre, in denen durchschnittlich knapp 12 Prozent erzielt werden. Das negative Jahr ist erneut mit nur 1,8 Prozent Minus zu vernachlässigen.

Auch das Gesamtjahr kann sich sehen lassen, wenngleich im negativ verlaufenen Jahr ein deutlicher Verlust in Höhe von über 16 Prozent verkraftet werden musste (vergleiche Abbildung 7.2).

Ereignis DAX Fußball-WM-Frauen	Trefferquote in Jahren für den Zeitraum	durchschnittliche Performance	durchschnittliche Performance in Negativjahren
März-Juli	8-1	14,30 %	-0,70 %
Juli-Oktober	0-9		-7,80 %
Oktober-Dezember	8-1	11,90 %	-1,80 %
gesamtes Jahr	8-1	19,40 %	-16,30 %

Abbildung 7.2: Übersicht ausgewählter Zeiträume in Fußballweltmeisterschaftsjahren der Frauen

Fußballweltmeisterschaften der Männer

Hier kann auf Daten für einen bedeutend längeren Zeitraum zurückgegriffen werden, da dieser Wettbewerb bereits seit 1934 ausgetragen wird. Die Statistik im DAX (zurückgerechnet, da der DAX noch nicht so lange existiert) reicht hier aber nur bis 1962 zurück, was aber schon eine sehr aussagekräftige Historie darstellt (vergleiche Abbildung 7.3).

Bei den Weltmeisterschaften der Männer kann der DAX alles andere als brillieren. Ganz offensichtlich ist ein solches Jahr kein gutes Jahr für eine Investition, es sei denn, man hält sich an ein Short-Produkt. Im Gesamtjahr kann man aber auch damit nicht nachhaltig erfolgreich sein. Die Jahre mit positivem und negativem

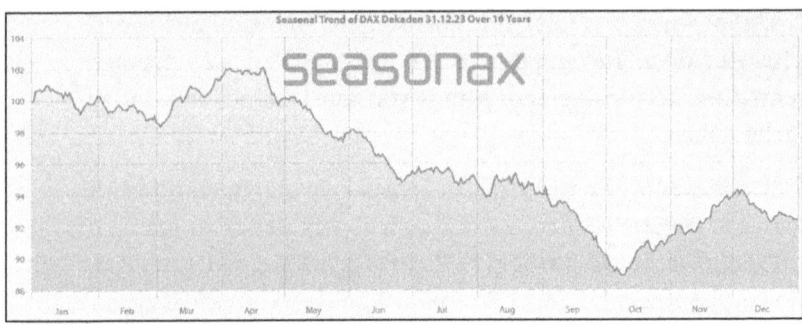

Abbildung 7.3: DAX in Jahren einer Männer-Fußballweltmeisterschaft

Ergebnis halten sich mit acht zu acht exakt die Waage, wobei in den negativen Jahren etwa doppelt so viel verloren wurde, wie in den positiven Jahren gewonnen werden konnte.

Viel wichtiger ist der Zeitraum von April bis Oktober. Hier konnten mit einem Short-Produkt im Schnitt 17 Prozent erzielt werden. Die drei positiven Jahre generierten dabei lediglich gut 4 Prozent Plus. Dieser Zeitraum ist daher für einen Trade auf fallende Kurse gut geeignet.

Der nächste interessante Zeitraum in diesem Jahr beginnt unmittelbar nach der schwachen Phase und dauert bis Anfang Dezember. Mit 12 positiven Jahren in diesem Zeitraum und einer durchschnittlichen Rendite von 9,9 Prozent kann sich auch dieser Zeitraum gegen die negative Performance von 3,2 Prozent in vier Jahren durchsetzen (vergleiche Abbildung 7.4).

Ereignis DAX Fußball-WM-Männer	Trefferquote in Jahren für den Zeitraum	durchschnittliche Performance	durchschnittliche Performance in Negativjahren
April-Oktober	3-13	4,20 %	−17,10 %
Oktober-Dezember	12-4	9,90 %	−3,20 %
gesamtes Jahr	8-8	11,10 %	−22,20 %

Abbildung 7.4: Übersicht ausgewählter Zeiträume in Fußballweltmeisterschaftsjahren der Männer

Fußballweltmeisterschaften bieten also einige Zeiträume an, in denen eine beachtliche Performance generiert werden kann.

Wie bereits mehrfach erwähnt (aber es ist mir wichtig, das auch hier zu wiederholen), spiegelt der sehr gute Zeitraum von Oktober bis Dezember schlicht die übliche Jahresendrallye wider.

Haben Sie es gemerkt oder fragen Sie sich, ob Sie diese Statistik nicht bereits in diesem Buch gesehen haben? Richtig, Fußballweltmeisterschaften der Herren fallen in die Jahre, die wir bereits als Zwischenwahljahre bei US-Präsidentschaftswahlen besprochen haben. Somit sind die Daten und der Chart die gleichen wie bei den Zwischenwahljahren in Kapitel 6. Somit sollte konstatiert werden, dass der Zusammenhang der Statistik weniger der Fußballweltmeisterschaft als vielmehr dem Präsidentschaftswahlzyklus zugeschrieben werden darf.

Fußballeuropameisterschaften

Fußballeuropameisterschaften der Frauen

Dieser Wettbewerb fand bereits 13 Mal statt (also vier Mal häufiger als Weltmeisterschaften) und erfreut sich immer größerer Beliebtheit, weshalb die Veranstaltung ebenfalls hier betrachtet werden soll.

In einem solchen EM-Jahr der Frauen sind nur zwei Zeiträume sinnvoll nutzbar. Der erste Zeitraum kann zwischen März und August eingegrenzt werden (vergleiche Abbildung 7.5) und erzielt in 11 von 13 Jahren eine durchschnittliche Performance von gut 15 Prozent. Die zwei negativen Jahre dürfen mit minus 5 Prozent aber nicht übersehen werden.

Der zweite Zeitraum kann ebenfalls 11 gut performende Jahre mit einem Schnitt von gut 10 Prozent aufweisen.

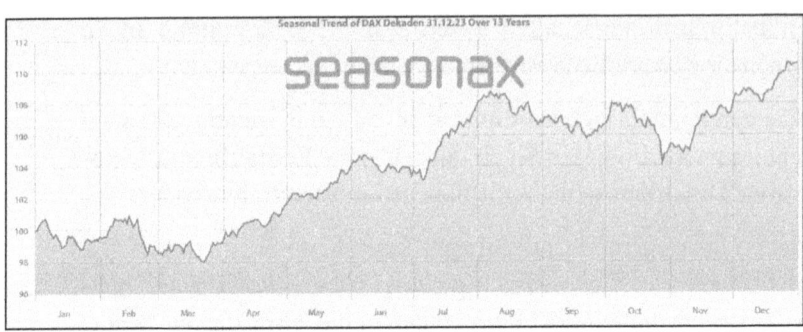

Abbildung 7.5: DAX in Jahren einer Frauen-Fußballeuropameisterschaft

Das Gesamtjahr bringt gute 10 positive Performancebringer auf die Waage, muss aber in den drei negativen Jahren auch einen Verlust von durchschnittlich 21 Prozent hinnehmen (vergleiche Abbildung 7.6), was diesen Turnierjahren ein besonders hohes statistisches Risiko beschert.

Ereignis DAX Fußball-EM-Frauen	Trefferquote in Jahren für den Zeitraum	durchschnittliche Performance	durchschnittliche Performance in Negativjahren
März-August	11-2	15,30 %	−5,40 %
Oktober-Dezember	11-2	10,20 %	−10,30 %
gesamtes Jahr	10-3	24,00 %	−21,60 %

Abbildung 7.6: Übersicht ausgewählter Zeiträume in Fußballeuropameisterschaftsjahren der Frauen

Fußballeuropameisterschaften der Männer

Dieser Wettbewerb fand bereits 17 Mal statt und findet nicht nur in Europa Beachtung. Die Spiele werden inzwischen in die ganze Welt übertragen. Auf den ersten Blick deutet einiges darauf hin, dass es sich um ein gutes Trading-Jahr handeln müsste (vergleiche Abbildung 7.7).

Der Einstieg in die verschiedenen Zeiträume offenbart aber, dass man hier sehr vorsichtig sein sollte und die Chancen nicht ganz so gut stehen wie bei einigen der bisher betrachteten Fußballturnier-Jahre.

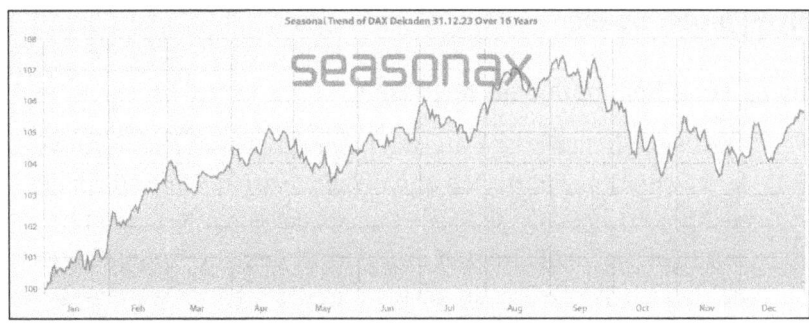

Abbildung 7.7: DAX in Jahren einer Männer-Fußballeuropameisterschaft

Schon das Gesamtjahr kommt mit einem Verhältnis von nur 11 zu 5 eher bescheiden daher. Die Performance liegt mit 17 Prozent im positiven Bereich zwar noch recht gut, weist aber in den negativen Jahren 13 Prozent Minus aus, was sehr hoch ist (vergleiche Abbildung 7.8).

Ereignis DAX Fußball-EM-Männer	Trefferquote in Jahren für den Zeitraum	durchschnittliche Performance	durchschnittliche Performance in Negativjahren
Januar-April	14-2	7,60 %	-8,50 %
Mai-September	10-6	9,90 %	-4,70 %
gesamtes Jahr	11-5	17,10 %	-13,00 %

Abbildung 7.8: Übersicht ausgewählter Zeiträume in Fußballeuropameisterschaftsjahren der Männer

Der einzig gute Zeitraum in einen EM-Jahr ist also von Januar bis April, in dem sich 14 positive Jahre finden, die aber lediglich 7,6 Prozent generieren können. In den zwei negativen Jahren fallen durchschnittlich 8,5 Prozent Minus an.

Im zweiten nennenswerten Zeitraum kann in den positiven Jahren zwar eine etwas bessere Performance von 9,9 Prozent erzielt werden, die Trefferquote liegt aber nur bei 10 zu 6.

Damit sollte man sich in Jahren einer Männer-EM unter diesem statistischen Aspekt vielleicht lieber auf den Fußball statt auf die Börse konzentrieren.

Olympische Spiele

Olympische Sommerspiele beim DAX

Die Olympischen Spiele sind das besondere Großereignis für viele verschiedene Sportarten und für die meisten Athleten ein einmaliges Erlebnis. Diese Spiele (der sogenannten Neuzeit) finden seit 1896 alle vier Jahre statt und sind seitdem nur dreimal wegen der beiden Weltkriege ausgefallen. In der Statistik werden diese Jahre auch nicht berücksichtigt. Die Beurteilung des DAX bei Olympischen Sommerspielen erübrigt sich daher, da die Spiele immer in den Jahren stattgefunden haben, in denen auch eine Fußball-Europameisterschaft stattfand. Somit fällt die Beurteilung natürlich auch genauso aus wie bei der Europameisterschaft der Männer.

Olympische Sommerspiele beim Dow Jones

Die Olympischen Sommerspiele konnten für den Dow Jones ab den zweiten Spielen in Paris 1900 berücksichtigt werden. Es zeichnen sich hier viele kleinere Zeiträume ab, die auffällig und nutzenswert sind (vergleiche Abbildung 7.9). Allerdings fallen die einzelnen Performancebeiträge nicht ganz so hoch aus wie bei den hier bereits beschriebenen Sportereignissen.

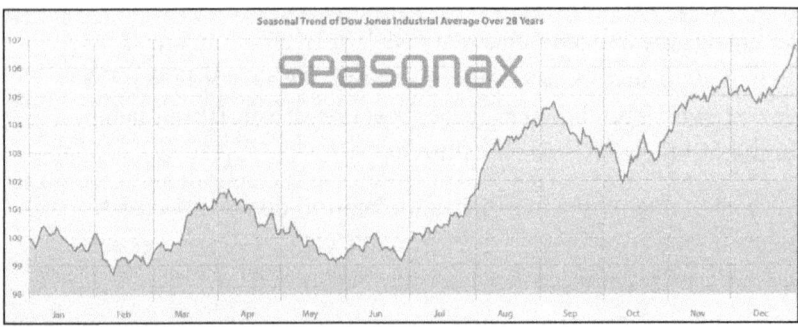

Abbildung 7.9: Olympische Sommerspiele beim Dow Jones seit 1900

Das spiegelt sich auch in der Betrachtung des Gesamtjahres wider. Der zugegeben guten Trefferquote von 21 zu 7 steht hier die gefährliche Performance von plus 16 zu minus 17 Prozent gegenüber. Damit scheidet in solchen Jahren eine »Buy and hold«-Strategie aus.

Der Zeitraum von Februar bis April kann zwar in 20 von 28 Jahren positiv performen, generiert aber nur eine Durchschnittsperformance von gut 6 Prozent. In den anderen Jahren wird durchschnittlich 4,6 Prozent verloren. Eine Phase, die zwar keine besonders großen Risiken birgt, aber auch keinen besonderen Ertrag erwarten lässt.

Ebenso wenig Hoffnung auf statistischen Erfolg zeigt der unmittelbar folgende Zeitraum auf.

Erstmals interessant in Olympischen Sommerspieljahren wird es dann von Ende Juni bis Anfang September. Es zeigt sich, dass in sieben negativen Jahren im Schnitt lediglich 1,8 Prozent verloren wurden, was ein sehr geringes statistisches Risiko darstellt. In den positiven Jahren kann durchschnittlich dagegen über 8 Prozent Ertrag erwartet werden (vergleiche Abbildung 7.10). Somit ist dies vom Chance-Risiko-Verhältnis her der beste Zeitraum beim Dow Jones in Jahren, in denen die Sommerspiele abgehalten werden.

Ereignis Dow Jones Olympia-Sommer	Trefferquote in Jahren für den Zeitraum	durchschnittliche Performance	durchschnittliche Performance in Negativjahren
Februar-April	20-8	6,20 %	−4,60 %
April-Mai	10-18	3,90 %	−5,90 %
Juni-September	21-7	8,40 %	−1,80 %
Oktober-Dezember	21-7	7,90 %	−4,00 %
gesamtes Jahr	21-7	16,40 %	−17,10 %

Abbildung 7.10: Übersicht ausgewählter Zeiträume in Olympischen Sommerspielen beim Dow Jones

Die anschließende Abwärtsbewegung kann dagegen wieder vernachlässigt werden. Die Jahresendrally, die Anfang Oktober startet, ist ebenfalls eine recht gute Phase, kann aber mit der des Sommers nicht mithalten. Den knapp 8 Prozent durchschnittlich in positiven Jahren steht ein Minus von immerhin 4 Prozent gegenüber. Damit ist dieser Zeitraum zwar ebenfalls, auch von der Trefferquote her, recht erfolgreich, aber mit deutlich höherem Risiko versehen als der Sommer.

Olympische Winterspiele beim DAX

Die Olympischen Winterspiele fanden bis zum Jahr 1992 im gleichen Jahr statt wie die Sommerspiele. Danach wurde dies entzerrt und die Winterspiele finden nun im Wechsel mit den Sommerspielen statt. In die Auswertung habe ich alle Winterspieljahre genommen, auch wenn diese zunächst identisch mit den Sommerspieljahren sind. Olympische Winterspiele finden seit 1924 (damals in Chamonix in Frankreich) statt. Die Kriegsjahre wurden wieder außen vor gelassen, da hier auch keine Winterspiele stattfanden. Beim DAX hat dies keinen Einfluss, da die Daten, wie schon erwähnt, erst ab 1959 zur Verfügung stehen.

Das Gesamtjahr als »buy and hold« zu handeln, ist statistisch nicht von Erfolg gekrönt, was sowohl der Chart (vergleiche Abbildung 7.11) als auch die dahinterliegenden Daten beweisen (siehe Abbildung 7.12).

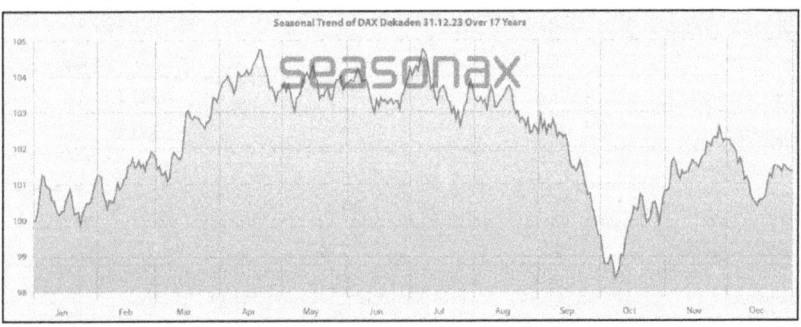

Abbildung 7.11: Olympische Winterspiele beim DAX seit 1960

Besser, wenn auch nicht außergewöhnlich, stellt sich da schon der Zeitraum von Ende Januar bis Mitte April dar. Mit 14 positiven

Ereignis Dax Olympia-Winter	Trefferquote in Jahren für den Zeitraum	durchschnittliche Performance	durchschnittliche Performance in Negativjahren
Januar-April	14-3	7,40 %	-4,40 %
August-Oktober	5-12	4,80 %	-9,40 %
Oktober-November	11-4	9,20 %	-4,20 %
gesamtes Jahr	10-7	16,30 %	-14,30 %

Abbildung 7.12: Übersicht ausgewählter Zeiträume in Olympischen Winterspielen beim DAX

Jahren und einem Durchschnitt von gut 7 Prozent können die gut 4 Prozent Minus in den drei negativen Jahren gut verkraftet werden. Überragend ist dieser Zeitraum gleichwohl nicht.

Auch der optisch auffällige Zeitraum von August bis Oktober eignet sich nur sehr bedingt für eine Short-Position. Hier kann zwar auf der Abwärtsseite ein Gewinn von durchschnittlich 9,4 Prozent in 12 Jahren erzielt werden. Es entstehen aber auch fünf positive Jahre, in denen dann mit einem Verlust von durchschnittlich fast 5 Prozent gerechnet werden muss. Ein Zeitraum, der mir für eine Investition nicht gefallen würde.

Der ebenfalls optisch interessant aussehende Zeitraum von Oktober bis November könnte reziprok wie der Vorzeitraum beschrieben werden. In Abbildung 7.12 können Sie sehen, dass sich dieser Zeitraum ähnlich darstellt wie der eben beschriebene, nur umgekehrt.

Olympische Winterspieljahre sind offenbar schwierige Börsenjahre für den DAX. Ein Engagement ist somit mit Vorsicht zu handeln. Sicher gibt es in diesen Jahren auch bessere Möglichkeiten, die Saisonalität, zum Beispiel mit Einzelwerten, zu nutzen.

Olympische Winterspiele beim Dow Jones

Olympische Winterspiele stellen offenbar gute Jahre beim Dow Jones dar. Allerdings erst ab Sommer. Die erste Jahreshälfte ist für einen Trade nicht geeignet (siehe Abbildung 7.13).

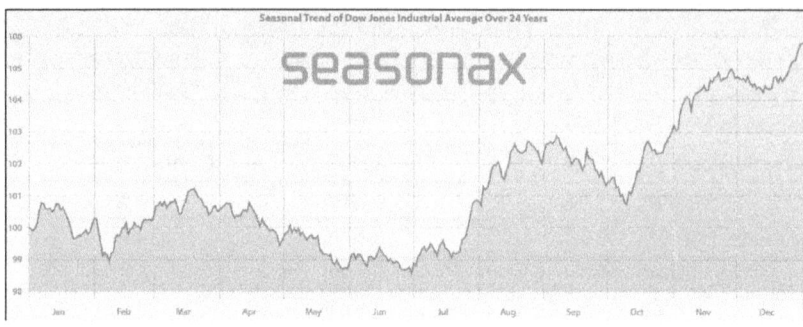

Abbildung 7.13: Olympische Winterspiele beim Dow Jones seit 1924

Dagegen kann die zweite Jahreshälfte mit einer guten Trefferquote sowie guten Performancewerten punkten.

Ereignis Dow Jones Olympia-Winter	Trefferquote in Jahren für den Zeitraum	durchschnittliche Performance	durchschnittliche Performance in Negativjahren
Januar-Juni	15-9	5,50 %	−12,30 %
Juli-Dezember	19-5	11,00 %	−4,70 %
gesamtes Jahr	17-7	13,50 %	−10,50 %

Abbildung 7.14: Übersicht ausgewählter Zeiträume in Olympischen Winterspielen beim Dow Jones

Am Ende dieses Kapitels sei noch einmal betont, dass ein ursächlicher Zusammenhang zwischen sportlichen Großereignissen und der Börse nicht besteht. Lediglich wenn ein solches Ereignis in dem Land stattfindet, dessen Index auch analysiert wird, könnte man auf wirtschaftlichen Rückenwind plädieren. Da dies aber eher selten vorkommt, darf hier maximal von einem statistischen Zusammenhang gesprochen werden, dem aber keine Ursache zugrunde liegt. Damit sollten diese Statistiken nur mit Vorsicht verwendet werden. Eine Kombination mit anderen Statistiken, also Saisonalitäten, ist unbedingt anzuraten.

8 Spielt die Esoterik eine Rolle?

Vor einiger Zeit durfte ich auf einer Messe einen Vortrag von einem Redner hören, der sich mit dem Einfluss des Mondes auf die Börse befasste. Ich hätte diesen Redner gerne für unsere VTAD in Frankfurt für einen Vortrag gewonnen. Allerdings war dieser Herr nach dem Vortrag derart von seinen Zuhörern belagert, dass ich es vorgezogen habe, ihn telefonisch zu kontaktieren.

Ich hatte mir im Vorfeld zu diesem Telefonat so meine Gedanken gemacht, was denn Sonne, Mond und Sterne mit der Börse zu tun haben könnten. Bei näherer Betrachtung ist mir aber eingefallen, dass es ja genügend Menschen gibt, die auf die Mondphasen reagieren – sei es mit schlechtem Schlaf oder gar mit Schlafwandeln. Warum sollten also diese Mondphasen nicht auch einen Einfluss auf die Börsenteilnehmer haben, die bei schlechtem Schlaf vielleicht anders an der Börse agieren, als dies ohne diesen Einfluss gewesen wäre.

Vor diesem Hintergrund war ich sehr gespannt, was uns der Redner zu berichten hätte.

Mein Anruf lief allerdings mehr oder weniger ins Leere. Im Vorzimmer wurde ich abgewimmelt. Zum einen hätte er keine Zeit und die Analysen würden sich ja nicht nur auf den Mond beschränken, sondern auch Sternenkonstellationen mit einbeziehen. Ich kam mir vor, als hätte ich bei dem wichtigsten Börsianer der letzten Jahrzehnte angerufen. Zu André Kostolany wäre ich zu seinen Lebzeiten sicher besser durchgekommen. Allerdings hat mich die Sache mit der Sternenkonstellation doch wieder nachdenklich gemacht. Sicher gibt es gute Gründe, auch die Astrologie zu berücksichtigen – auch wenn ich persönlich damit nicht ganz so viel anfangen kann.

Trotzdem hat mich das Thema mit den Mondphasen nicht losgelassen, sodass ich mir die Mühe gemacht habe, die Mondphasen der letzten Jahrzehnte herauszusuchen. Ich habe große Excel-Dateien damit gefüllt und gepflegt. Mit diesen Daten habe ich dann versucht, Signifikanzen am Markt zu finden. Gibt es Regelmäßigkeiten, die zum Beispiel bei Vollmond oder Neumond zum Handeln einladen? Leider habe ich keine besonderen Möglichkeiten entdecken können, zumal ich mich auf längere Trends konzentriert habe, die ich hoffte zu finden.

Als ich endlich ein Programm zur systematischen Analyse zur Hand hatte, wurde es sehr viel einfacher, hier nach Signifikanzen zu suchen und diese auch zu finden.

Einige dieser zum Teil überraschenden Erkenntnisse möchte ich Ihnen hier näherbringen.

Dabei ist der Ansatz ein etwas anderer, als dies bei den bisher gezeigten Charts der Fall ist. Bei solchen Ansätzen wird nicht auf einen Jahresverlauf geachtet, sondern es werden die Tage oder Wochen vor und nach dem Ereignis betrachtet. Das bedeutet, wenn zum Beispiel am 15. des Monats Vollmond ist, wie verhält sich ein Index 10 Tage vor und 10 Tage nach dem Ereignis? Dabei werden die Handelstage auf der X-Achse abgetragen. Ich komme später noch einmal auf diesen Umstand zurück, wenn es um Finanzthemen oder Feiertage geht.

Zunächst soll aber der »esoterische« Bereich abgedeckt werden (wobei ich an dieser Stelle »Esoterik« in keiner Weise abwertend verstanden wissen möchte), wenngleich Mondphasen ja nichts mit Esoterik zu tun haben, sondern einen handfesten Einfluss auf die Erde haben, was schon mit den Gezeiten bei den Weltmeeren bewiesen ist.

Bei den folgenden Analysen sind alle Mond- oder Sonnenereignisse auf der Erde berücksichtigt, auch wenn diese nur an einigen Orten sichtbar sind.

Vollmondphasen beim DAX

Sieben Tage vor Vollmond bis zum eigentlichen Ereignis scheint ein weniger guter Zeitraum für eine Long-Position zu sein (vergleiche Abbildung 8.1). Die Daten zeigen aber, dass der Zeitraum besser ist, als er aussieht. Allerdings ist ein 414 zu 377 von der Trefferquote her nicht überragend. Auch die durchschnittliche Rendite von 2,3 Prozent zu 2,5 Prozent spricht eher gegen eine Long-Position in diesem Zeitraum.

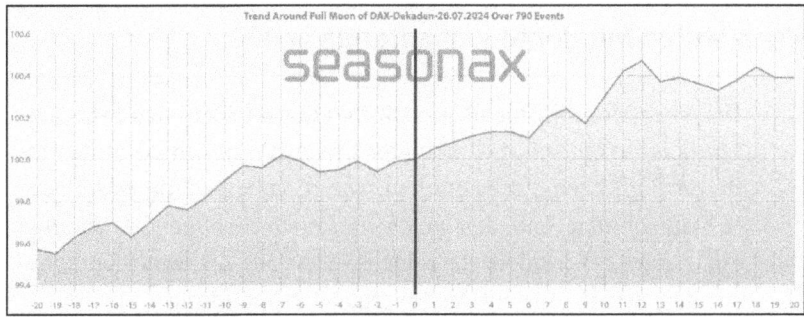

Abbildung 8.1: Der DAX vor und nach dem Vollmondtermin

Etwas besser gestaltet sich im Vorfeld des Vollmonds die Phase zwischen dem 19. und dem 7. Tag vor dem Ereignis. Hier kann auf 455 positive Ereignisse geblickt werden, die durchschnittlich 3,1 Prozent erzielen. Auf der Negativseite stehen zwar auch 3 Prozent durchschnittlich, allerdings bei nur 335 Ereignissen.

Auch wenn es sich um geringe Prozentzahlen handelt, sollte nicht vergessen werden, dass hier nur wenige Tage betrachtet werden, in denen diese Ergebnisse entstehen.

Ein optisch besserer Zeitraum ist die Phase nach dem Vollmond. Betrachtet man die Daten, muss man feststellen, dass sich die Statistik nahezu exakt genauso darstellt wie im zuvor beschriebenen Zeitraum.

Ereignis Vollmond DAX	Trefferquote in diesem Zeitraum	durchschnittliche Performance	durchschnittliche Performance in Negativphasen
Sieben Tage vor Vollmond	414-377	2,30 %	−2,50 %
19. Tag bis 7. Tag vor Vollmond	455-335	3,10 %	−3,00 %
zwölf Tage nach Vollmond	455-336	3,00 %	−3,00 %

Abbildung 8.2: Übersicht ausgewählter Zeiträume beim DAX in Vollmondphasen

Wie sieht es mit der Mondfinsternis aus?

Bei einer Mondfinsternis schiebt sich der Mond in den Erdschatten, was ein optisch spektakuläres Ereignis sein kann. Von besonderen Einflüssen auf Menschen, wie die oben schon erwähnten Schlafprobleme, habe ich gleichwohl noch nicht gehört. So muss auch attestiert werden, dass der Einfluss auf die Börse keine besondere Signifikanz aufweist (vergleiche Abbildung 8.3).

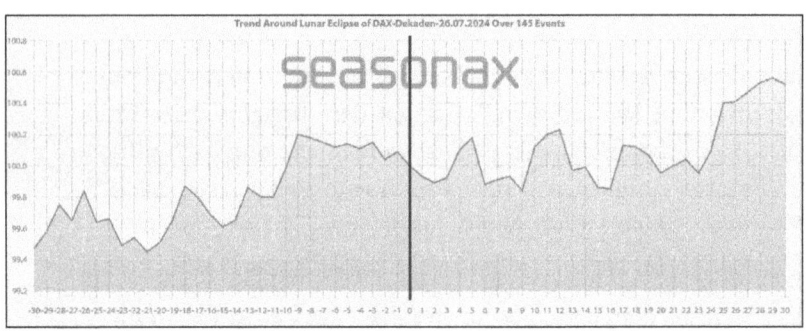

Abbildung 8.3: Der DAX vor und nach einer Mondfinsternis

So wie der Chart sich präsentiert, so sind auch die Daten bei der Auswertung. Meist handelt es sich um eine ausgeglichene Trefferquote. Und wenn ein kleines Übergewicht auf der Long- oder Short-Seite zu finden ist, dann sind die Prozentsätze für eine Tagesstatistik zwar brauchbar, aber auf beiden Seiten (long wie short) ebenfalls recht ähnlich, weshalb sich ein Investment kaum lohnt.

Sonnenfinsternis

Wenn sich die Sonne verdunkelt, weil sich der Mond zwischen Erde und Sonne schiebt, ist dies meist noch spektakulärer als eine Mondfinsternis.

Offenbar haben Sonnenfinsternisse auch einen größeren Einfluss auf die Börse. Zumindest kann eine Phase ausgemacht werden, die eine hohe Trefferquote bei vernünftigen Prozentzahlen aufweisen kann. 95 Mal wurde ein durchschnittlicher Gewinn von 3,8 Prozent erzielt. Nur 46 Sonnenfinsternisse haben mit einem Minus abgeschlossen. Dieses betrug allerdings 4,2 Prozent. Der Zeitraum, in dem diese Zahlen kreiert wurden, beginnt fünf Tage vor der Sonnenfinsternis und endet 20 Tage nach dieser (vergleiche Abbildung 8.4).

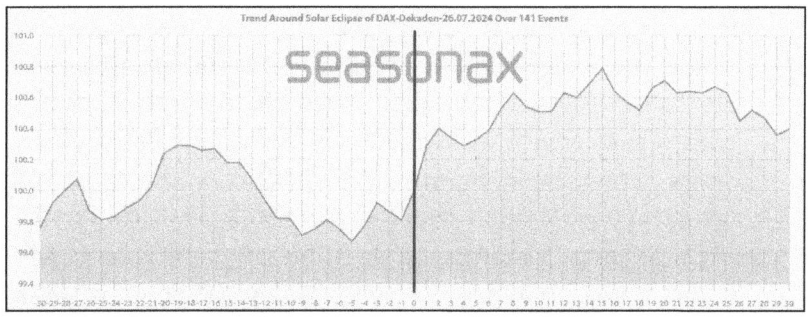

Abbildung 8.4: Der DAX vor und nach einer Sonnenfinsternis

Die übrigen Phasen vor und nach einer Sonnenfinsternis weisen keine signifikante Bewegung auf, die sinnvoll genutzt werden könnte.

Sicher könnte man dieses Kapitel jetzt noch deutlich ausweiten und die oben genannten Ereignisse um weitere Märkte wie die US-Märkte erweitern. Ob dies sinnvoll ist und wie die Signifikanz bei anderen Märkten sich darstellt, kann jeder für sich heraussuchen. Auf jeden Fall sollten diese Ereignisse nicht überbewertet werden und sind eher als »nice to have« anzusehen, als dass es einen wirklichen Mehrwert bringt. Vielleicht eignet es sich ja als Ergänzung zu anderen Saisonalitäten.

Ereignis Sonnenfinsternis DAX	Trefferquote in diesem Zeitraum	durchschnittliche Performance	durchschnittliche Performance in Negativphasen
5. Tag vor bis 15. Tag nach Sonnenfinsternis	95-46	3,80 %	-4,20 %

Abbildung 8.5: Übersicht ausgewählter Zeiträume beim DAX in Sonnenfinsternisphasen

Superbowl: Esoterik oder nur mysteriös?

Es lässt sich trefflich darüber streiten, ob eine Statistik, die sich an einem einzelnen Sportevent orientiert, einen esoterischen Ansatz hat, ob es mit einem wirtschaftlichen Aspekt zu tun hat oder einfach nur mysteriös ist. Schon ganz an Anfang meiner Karriere wurde von einigen Kollegen in der Bank die amerikanische Football-Meisterschaft verfolgt. Schließlich, so wurde mir damals erklärt, hätte es eine wichtige Auswirkung auf die Börse, ob der Sieger dieses inzwischen weltweit beachteten US-Sportevents von der einen oder anderen Liga kommen würde. Da nicht nur das Event, sondern auch der eben beschriebene Einfluss jedes Jahr immer wieder diskutiert wird, soll auch in diesem Buch ein Blick darauf geworfen werden.

Zunächst soll das Event als solches ohne Betrachtung des Siegers vorgenommen werden. Dazu werde ich hier nur den S&P 500 analysieren, da eine Auswirkung auf den deutschen Markt doch eher unwahrscheinlich ist (vergleiche Abbildung 8.6).

Vielleicht ist es die Vorfreude der US-Amerikaner auf das Superbowl-Ereignis oder es gibt eine ganz andere Begründung für den offensichtlich positiven Verlauf des US-Marktes in den 30 Tagen vor dem Event.

Superbowl: Esoterik oder nur mysteriös? 91

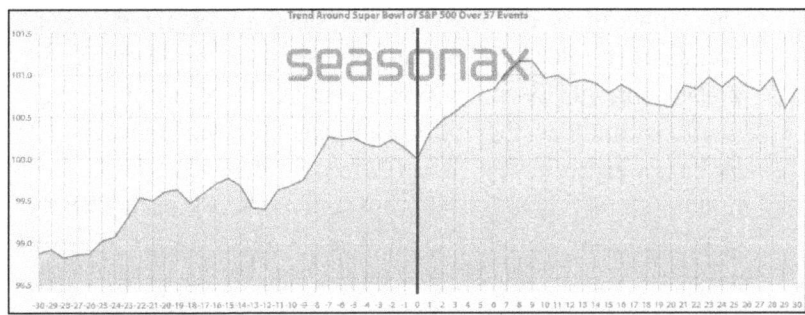

Abbildung 8.6: Der S&P 500 vor und nach dem Superbowl

Die Trefferquote ist beachtlich, wenngleich in den Jahren, in denen es einen Verlust gab, dieser durchschnittlich etwas höher gelegen hat als in den Jahren mit Gewinn. Allerdings ist bei dieser Statistik Vorsicht geboten, da die Signifikanz in den letzten Jahren deutlich nachgelassen hat. Betrachtet man nämlich nur die letzten 25 Jahre, ist die Statistik nur noch ausgeglichen, bei einer deutlich höheren Minusperformance.

Schon in den 1980er-Jahren wurde mir erzählt, dass ein Sieg des Vertreters der National Football Conference (NFC) für die Börse eine Hausse für dieses Jahr verheißen würde. Wenn stattdessen die Mannschaft aus der American Football Conference (AFC) gewinnen würde, sei mit einer Baisse in diesem Jahr zu rechnen.

Diese angebliche Korrelation will ich näher betrachten. Dazu habe ich mir das Restjahr angesehen und den Startzeitpunkt auf den 1. März gelegt, da das Endspiel fast immer Ende Januar/Anfang Februar stattfindet.

Ereignis Superbowl S&P 500	Trefferquote in diesem Zeitraum	durchschnittliche Performance	durchschnittliche Performance in Negativphasen
30 Tage vor dem Event bis zum Endspieltag	38-19	4,20 %	−4,80 %

Abbildung 8.7: Übersicht ausgewählter Zeiträume beim S&P 500 vor dem Superbowl-Event

Die Entwicklung des US-Leitindex sieht in der Tat beeindruckend aus (vergleiche Abbildung 8.8), was sich zumindest in der Trefferquote von 19 zu 7 widerspiegelt. Die Durchschnittsperformance ist mit klar über 14 Prozent ebenfalls beachtenswert. Allerdings werden in den sieben Jahren, in denen die Regel nicht funktioniert hat, knapp 10 Prozent verloren, was je nach Marktlage ein Problem darstellen kann. Alles in allem könnte man also feststellen, dass es eine statistische Relevanz für ein positives Jahr gibt, wenn der Vertreter der NFC den Superbowl gewonnen hat.

Die Überraschung stellt aber der nächste Chart (Abbildung 8.9) dar.

Nicht nur auf den ersten Blick ist die Performance bei einem Gewinn des Vertreters der AFC ebenfalls ausgezeichnet. Die Trefferquote ist nahezu gleich und auch die Performancewerte.

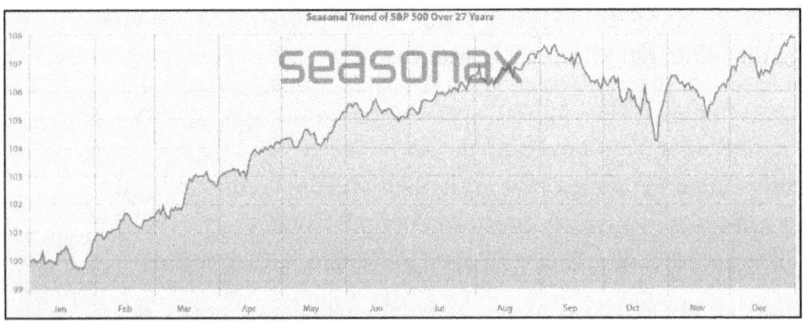

Abbildung 8.8: Der S&P 500 bei einem Sieg des Vertreters der NFC

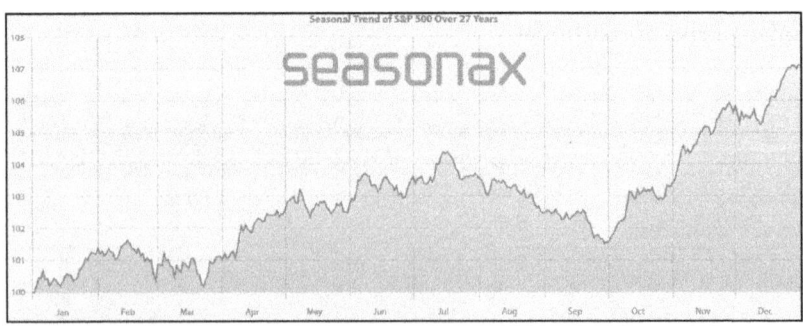

Abbildung 8.9: Der S&P 500 bei einem Sieg des Vertreters der AFC

Superbowl: Esoterik oder nur mysteriös? 93

Ereignis Superbowl Gewinner S&P 500	Trefferquote in Jahren für den Zeitraum	durchschnittliche Performance	durchschnittliche Performance in Negativjahren
Gewinner aus der AFC	19-7	14,40 %	-13,00 %
Gewinner aus der NFC	19-8	14,30 %	-9,80 %

Abbildung 8.10: Übersicht ausgewählter Zeiträume beim S&P 500 der jeweiligen Gewinner

Lediglich der Negativwert ist etwas höher als in der Statistik der NFC.

Dies zeigt, dass es mit der Korrelation mit Hausse und Baisse beim Superbowl nicht allzu weit her ist. Es scheint also gleichgültig zu sein, welcher Vertreter den Sieg davonträgt.

Trotzdem will ich auch den Blick auf die kurzfristige Bewegung werfen.

Wie sieht es in den Tagen vor und nach einem Superbowl-Event aus?

Nach dem Gewinn des NFC-Vertreters stellen sich die Trefferquote und auch die Performance besser dar als vor dem Event. Auch im Vergleich zur Minusperformance stellen die 17 Tage nach dem Event eine gute Trading-Chance dar.

Vor dem Event, wenn der Vertreter der AFC gewinnt, ist eindeutig die bessere Zeit für ein Investment. Hier werden in den 26 Tagen bis zum Event in 20 Jahren durchschnittlich 4 Prozent

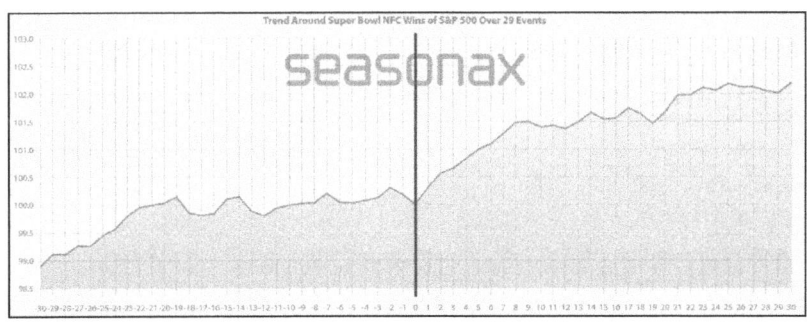

Abbildung 8.11: Der S&P 500 bei einem Sieg des Vertreters der NFC vor und nach dem Event

verdient, in lediglich acht Jahren werden 4,3 Prozent verloren. Allerdings kann man im Vorfeld des Events natürlich nicht sagen, wer denn den Superbowl gewinnt. Somit ist dieser Zeitraum auch nicht handelbar.

Anders sähe es aus, sobald der Sieger gekürt ist. Allerdings ist der Zeitraum nach dem Event, wenn es sich um einen Sieger aus der AFC handelt, für ein Trading nicht geeignet (siehe Abbildung 8.13).

Das Fazit darf also gezogen werden, dass der Superbowl für sehr viele Menschen sicher ein nettes und durchaus auch wichtiges Sportereignis darstellt. Zum Trading, auch wenn sich die besagte Regel hartnäckig bei Börsianern hält, scheint dieses Event aber eher ungeeignet zu sein.

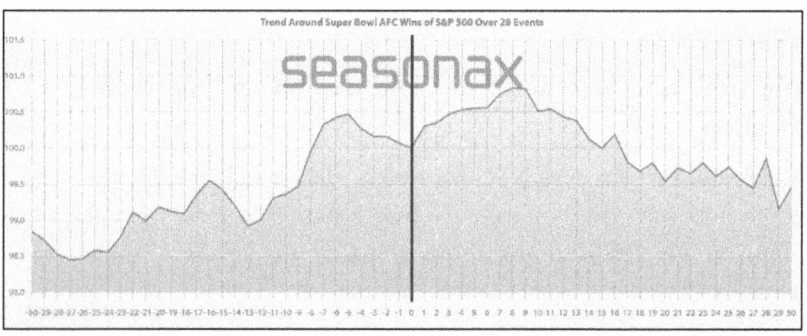

Abbildung 8.12: Der S&P 500 bei einem Sieg des Vertreters der AFC, vor und nach dem Event

Ereignis Superbowl Gewinner S&P 500	Trefferquote in diesem Zeitraum	durchschnittliche Performance	durchschnittliche Performance in Negativphasen
Gewinner aus der NFC 19 Tage vor dem Event	16-13	3,20 %	−4,00 %
Gewinner aus der NFC 17 Tage nach dem Event	19-10	3,90 %	−2,20 %
Gewinner aus der AFC 26 Tage vor dem Event	20-8	4,00 %	−4,30 %
Gewinner aus der AFC 29 Tage nach dem Event	15-13	4,50 %	−6,70 %

Abbildung 8.13: Übersicht ausgewählter Zeiträume beim S&P 500 der jeweiligen Gewinner im Tagesbereich

9 Weitere spezielle Ereignisse, die saisonale Effekte haben

Sicher gibt es unzählige Möglichkeiten, saisonale Effekte zu nutzen. Einige interessante Saisonalitäten, die nicht den klassischen bisher beschriebenen saisonalen Effekten unterliegen, habe ich in diesem Kapitel aufgeführt und werde sie näher betrachten.

Volatilität

Sicher fragen Sie sich, wie man denn die Volatilität in eine saisonale Betrachtung einfügen kann. Dazu möchte ich zunächst erklären, was es denn mit der Volatilität überhaupt auf sich hat.

Die gängige und auch richtige Erklärung für Volatilität ist kurz gesagt die Schwankungsintensität einer Aktie oder eines Index. Je kräftiger sich diese oder dieser in die eine oder andere Richtung bewegt oder anders gesagt zwischen seinen Extremen schwankt, umso höher ist die Volatilität.

Diese Volatilität wird historisch berechnet und spiegelt nicht zuletzt auch den Erwartungswert für zukünftige Schwankungen wider. Wenn die Volatilität besonders hoch ist, wird auch die Erwartungshaltung für künftige Schwankungen recht hoch sein. Dies wird dann in den Preisen von Optionen sichtbar, die mit einer entsprechend hohen »impliziten« Volatilität gehandelt werden. Implizit heißt in diesem Zusammenhang dann, dass in den Optionspreis die erwartete Volatilität für die künftigen Tage, Wochen oder Monate eingepreist wird.

Soweit die Theorie und auch die gelebte Praxis. Betrachtet man aber den Chart der Volatilität, fällt auf, dass gerade in Crash-Phasen die Volatilität besonders stark ansteigt und in Aufwärtsphasen diese meist deutlich rückläufig ist. Dies liegt daran, dass in Crash-Phasen die Angst der Anleger zunimmt und der Bedarf nach Absicherung besonders groß ist. Entsprechend nehmen die Prämien für Optionen derart stark zu, dass die Volatilität ansteigt. In Zeiten von ansteigenden Notierungen sind die Optionspreise meist recht gering, was sich dann auch in der Volatilität widerspiegelt.

Im langfristigen Vergleich des S&P 500 (vergleiche Abbildung 9.1) mit dem VIX (vergleiche Abbildung 9.2), also der Messgröße für die Volatilität an den US-Börsen, können verschiedene Auffälligkeiten erkannt werden. Die auf den ersten Blick sichtbaren Spitzen im VIX korrelieren mit den Einbrüchen beim S&P 500. Dies ist besonders offensichtlich in den Jahren 2002, 2009, 2012, 2020, 2022 und nicht zuletzt auch 2024 – auch wenn sich hier die Volatilität nicht auf dem hohen Niveau gehalten hat. Damit ist schon in diesem Chart der Beweis erbracht, dass die Volatilität anzieht, wenn die Märkte plötzlich einbrechen.

Aber auch die freundlichen Phasen sind erkennbar. Zwischen 2009 und 2012 steigen die Kurse im S&P 500 kontinuierlich an,

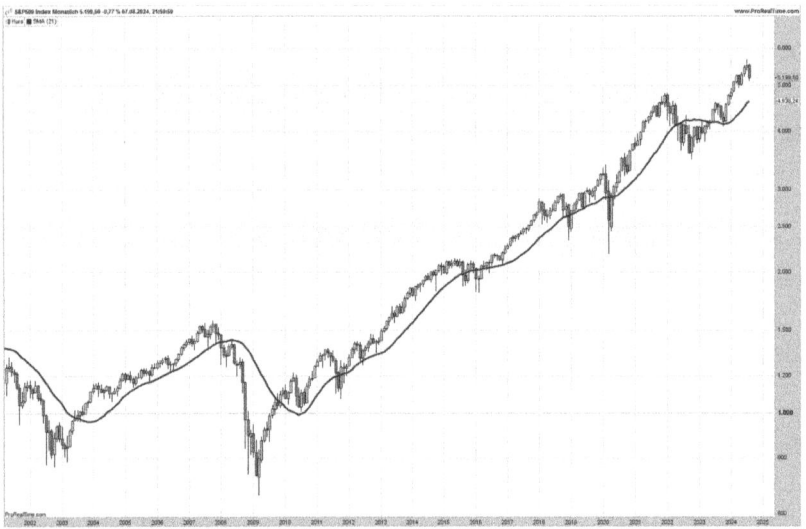

Abbildung 9.1: S&P 500 im Monatschart

Volatilität

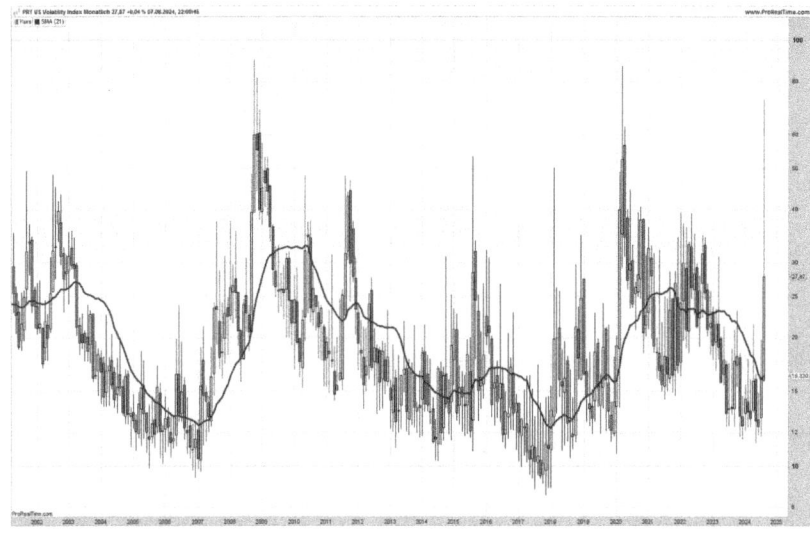

Abbildung 9.2: VIX im Monatschart

während der VIX im gleichen Zeitraum kontinuierlich fällt. Zwischen 2012 und 2015 ist das gleiche Verhalten zu beobachten, was sich ebenfalls im VIX widerspiegelt. Wenn man die beiden Charts auf Tagesbasis anzeigen würde, wäre die Erkenntnis genau die gleiche, weshalb man dementsprechend diesen Zusammenhang immer bei der Anlage berücksichtigen sollte.

Was hat dieser Umstand nun aber mit der Saisonalität zu tun? Ohne Zweifel ist der auffälligste Zeitraum in Abbildung 9.3 die Phase von Mitte Juli bis Oktober. Dies ist aber auch kaum verwunderlich, da es häufig zu beobachten ist, dass die Zeit von Sommer bis in den Herbst hinein eine eher schwache Börsenphase darstellt. Entsprechend zieht hier die Volatilität gemäß der obigen Beschreibung an. Da auch die meisten Crashs im Herbst stattgefunden haben, ist es also nicht verwunderlich, dass hier die Volatilität ihren Höhepunkt findet. Die Wahrscheinlichkeit für diesen Zeitraum liegt übrigens bei 25 zu 7 und 34 Prozent zu 17 Prozent. Das sind Werte, die sich sehen lassen können.

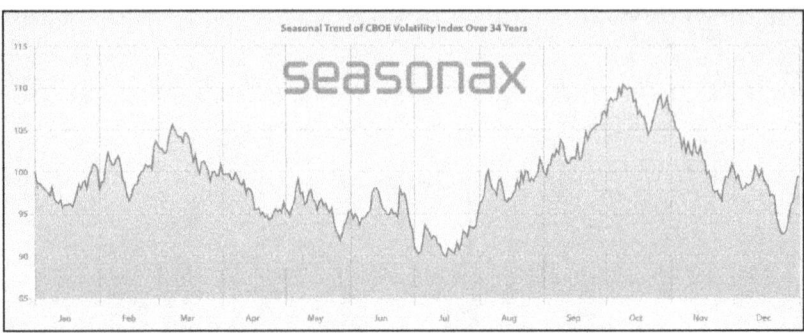

Abbildung 9.3: VIX, saisonale Darstellung der letzten 34 Jahre

Dreifacher Options&Futures-Verfallstermin

Es ranken sich viele Geschichten um den *Hexensabbat* oder die *Tripple-Witch-Hour*. So wird nämlich an der Börse der Options&Futures-Verfallstermin genannt, an dem sowohl Optionen als auch Futures und Optionen auf Futures verfallen. An diesem Tag sind die Unsicherheit und auch die Volatilität am Markt besonders hoch. Welche Kräfte hier zuweilen wirken, habe ich in meinem Buch *Survival Guide Börse* näher beschrieben. An diesem Tag, der nur vier Mal im Jahr stattfindet, nämlich immer am dritten Freitag im Quartalsendmonat, werden Schlussabrechnungspreise ermittelt. Durch Transaktionen, die auch faktische Käufe und Verkäufe an der Kassabörse auslösen, kommen so besondere Bewegungen zustande. Selbstverständlich achten die Börsianer entsprechend auf diese vier besonderen Tage im Jahr. Die Statistik bietet hier interessante Einblicke, wie sich der Markt vor und nach diesem wichtigen Freitag verhält (vergleiche Abbildung 9.4).

Wie immer suggeriert der erste Eindruck eine typische Bewegung, in diesem Fall eine Abwärtsbewegung vom siebten Tag vor bis zum zweiten Tag *vor dem Verfallstag*. Allerdings kann in diesem Zeitraum keine besondere Signifikanz ausgemacht werden. Die positiven Ereignisse halten sich mit den negativen weitgehend die Waage. Bei den negativen Ereignissen wird allerdings deutlich mehr verloren, als bei den positiven Ereignissen gewonnen wird.

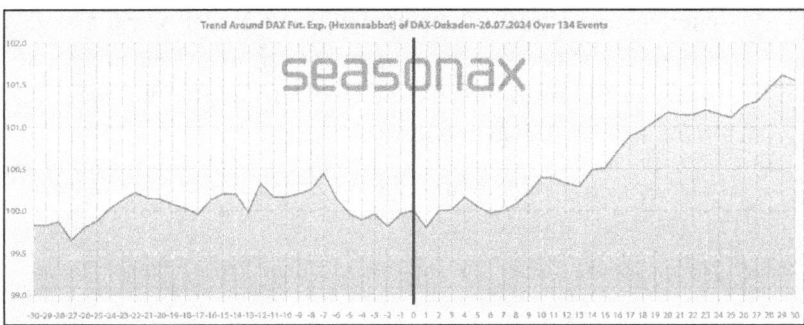

Abbildung 9.4: Hexensabbat beim DAX

Interessanter ist die Zeit *nach dem Verfallstag*. Der Zeitraum einen Tag nach dem Verfallstag bis zum 29. Tag danach zeigt eine deutlich positive Phase, in der 83 Mal ein Gewinn erzielt werden kann. Dagegen stehen allerdings 51 Verlustphasen. Trotzdem lohnt es sich, diesen Zeitraum zu beachten, da in den positiven Zeiträumen immerhin durchschnittlich fast 6 Prozent erzielt werden. In den negativen Phasen werden im Schnitt dagegen nur rund 4,6 Prozent verloren. Dies ist eine interessante Möglichkeit, rund um den Verfallstag Gewinne zu erzielen.

Um der Chronistenpflicht nachzukommen, sei hier noch erwähnt, dass dieses Verhalten auch in den USA zu sehen ist. Allerdings stellt sich die Lage vor und nach dem Verfallstag nicht so eindeutig wie in Deutschland dar. Die Trefferquote ist zwar recht vielversprechend, die Durchschnittrendite hält sich aber die Waage, weshalb dieser Zeitraum weniger geeignet ist, einen Trade zu platzieren.

Erster Tag des Monats

Um den Monatsultimo werden viele Termine vereinbart. Am Ersten eines Monats werden in vielen Unternehmen die Gehälter ausgezahlt. Zum Monatsende laufen sehr oft Fristen aus, seien es

Steuertermine oder Zahlungsfristen. Neue Stellen werden angetreten oder alte beendet. Sicher gibt es noch weit mehr Ereignisse um den Ersten eines Monats, die dann auch wieder Einflüsse auf den Börsenverlauf haben können.

Daher ist es nur folgerichtig, diesen Zeitraum näher zu betrachten (vergleiche Abbildung 9.5).

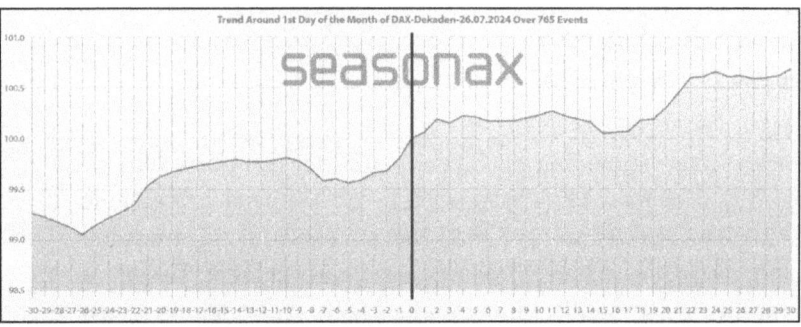

Abbildung 9.5: Erster Tag eines Monats im DAX

Der offensichtliche Zeitraum vor und kurz nach dem Monatsersten ist auch der beste Zeitraum zur Betrachtung. Vom fünften Tag vor bis zum zweiten Tag nach dem Monatsersten konnte der DAX 486 Mal mit einem Plus von durchschnittlich 2,4 Prozent abschneiden. 281 Mal wurde im Schnitt ein Minus von 2,3 Prozent beobachtet. Auch wenn sich hier die prozentualen Ergebnisse fast ausgeglichen darstellen, ist der Erwartungswert für diesen positiven Zeitraum beachtlich. Die Prozentzahlen klingen auf den ersten Blick recht gering, es muss aber berücksichtigt werden, dass hier lediglich über einen Zeitraum von sieben Tagen gesprochen wird.

Wenn man es auf die Spitze treiben möchte, kann man auch eine Betrachtung der einzelnen Monate vornehmen. Einen entsprechenden Kalender habe ich im letzten Kapitel dieses Buchs im Angebot.

Zudem habe ich hier noch eine Tabelle erstellt (vergleiche Abbildung 9.6), die den betrachteten Zeitraum für die einzelnen Monate aufzeigt. Diese Tabelle kann dabei helfen, Monate herauszufiltern, die im Jahresverlauf in dieser Statistik nicht ganz so erfolgsversprechend dastehen.

Ereignis Monatserster 5 Tage vor bis 2 Tage nach dem Ersten	Trefferquote in diesem Zeitraum	durchschnittliche Performance	durchschnittliche Performance in Negativphasen
Januar	46-18	3,15 %	−1,37 %
Februar	40-24	2,57 %	−2,21 %
März	37-27	1,99 %	−2,40 %
April	48-16	2,52 %	−2,34 %
Mai	35-29	2,06 %	−2,17 %
Juni	40-24	2,34 %	−2,24 %
Juli	43-21	1,97 %	−2,35 %
August	44-19	2,15 %	−2,99 %
September	35-29	1,80 %	−2,63 %
Oktober	33-31	2,31 %	−2,33 %
November	43,21	2,56 %	−2,45 %
Dezember	42-22	2,69 %	−1,68 %

Abbildung 9.6: Monatsauswertung vom fünften vor bis zum zweiten Tag nach dem Monatsersten

Weitere Möglichkeiten der Auswertung auf Monatsbasis bietet die Monatsmitte. Auch hier werden zum Beispiel in der Finanzbranche viele Gehaltszahlungen vorgenommen. Allerdings fördert diese Grafik keine Erkenntnisse zutage, die sinnvoll nutzbar sind.

Welch wichtige Bedeutung die vier Quartalsendmonate haben können, wurde schon am Anfang dieses Kapitels besprochen, als es um den Options&Futures-Verfallstag ging.

Aber auch mit dem Beginn eines Quartals hat es offensichtlich eine Bewandtnis.

Vier Tage vor und vier Tage nach dem Quartalsbeginn ist eine signifikante Steigung zu erkennen. Diese äußert sich in einer

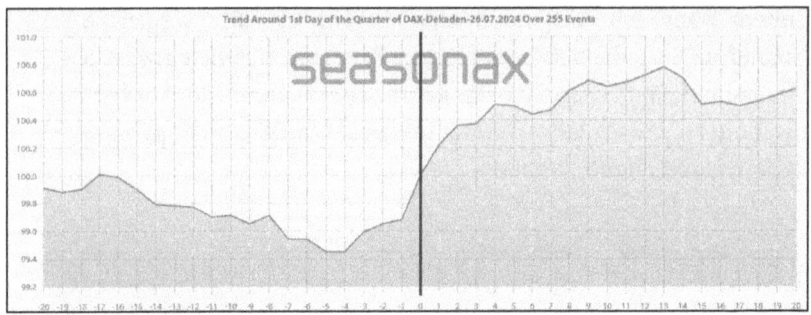

Abbildung 9.7: Erster Tag eines Quartals im DAX

Trefferquote von 177 zu 78, was für sich genommen schon recht beachtlich ist. Auf der Plusseite stehen hier durchschnittlich 2,74 Prozent, während auf der Minusseite 2,61 Prozent verkraftet werden müssen.

Die einzelnen Quartale separiert zeigt Abbildung 9.8.

Ereignis Quartalserster 4 Tage vor bis 4 Tage nach dem Ersten	Trefferquote in diesem Zeitraum	durchschnittliche Performance	durchschnittliche Performance in Negativphasen
1. Quartal	47-17	3,06 %	−2,06 %
2. Quartal	48-16	2,93 %	−2,03 %
3. Quartal	45-18	2,39 %	−2,89 %
4. Quartal	37-27	2,52 %	−3,11 %

Abbildung 9.8: Monatsauswertung vom vierten vor bis zum vierten Tag nach dem Quartalsersten

Government Shutdowns

Immer wenn sich die Abgeordneten in Washington über den Haushalt nicht einig werden, droht der »Government Shutdown«. Alle Regierungsbeamte werden nach Hause geschickt, weil die Gehälter nicht mehr bezahlt werden können.

Allerdings dauern diese Shutdowns meist nicht besonders lange an, da die Geschäfte ja weitergeführt werden müssen. Es ist oft nur ein politisches Geplänkel oder ein Säbelrasseln.

Government Shutdowns

Trotzdem hat auch die Börse ein Auge auf diese temporäre Untätigkeit der Regierung und dies spiegelt sich auch in der Saisonalität wider (vergleiche Abbildung 9.9).

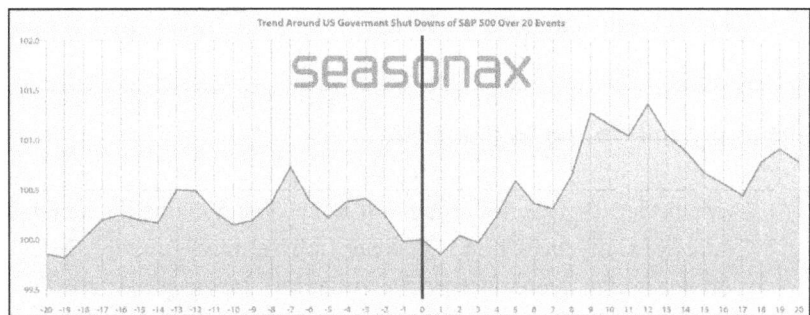

Abbildung 9.9: Government Shutdown im S&P 500

Sieben Tage vor bis einen Tag nach dem Shutdown ist offensichtlich eine eher schwache Phase beim S&P 500. Diese Phase ist allerdings nicht handelbar, da man im Vorfeld nicht wissen kann, wann der Shutdown tatsächlich ausgerufen wird. Aber diese Phase ist nicht nur nicht handelbar, es würde sich auch nicht lohnen.

Besser ist dagegen die Phase nach dem Shutdown. Hier kann immerhin in 14 Fällen ein durchschnittlicher Gewinn von 3,1 Prozent erzielt werden (vergleiche Abbildung 9.10). Negativ sind nur sechs »Nachshutdown-Phasen« verlaufen.

Ereignis Government Shotdown	Trefferquote in diesem Zeitraum	durchschnittliche Performance	durchschnittliche Performance in Negativphasen
7 Tage vor bis 1 Tag nach	7-13	2,29 %	-2,54 %
1 Tag nach bis 9 Tage nach	14-6	3,10 %	-2,35 %

Abbildung 9.10: Phase vor und nach dem Shutdown beim S&P 500

Es muss allerdings gut überlegt sein, ein solches Ereignis tatsächlich zu handeln. Es kommt zu selten vor (in 96 Jahren nur 20 Mal), was bei einem negativen Verlauf mit dem gleichen »Event« manchmal erst nach Jahren wieder gutzumachen ist. Da es, wie bereits vielfach in diesem Buch aufgezeigt, weit bessere Möglichkeiten gibt, sollte man sich nicht mit einem Event wie dem Government-Shutdown aufhalten.

Oktober-April-Phase in den USA

Abseits der Tagesbetrachtung soll noch eine Saisonalität untersucht werden, die schon seit vielen Jahrzehnten immer wieder von Börsenfachleuten besprochen oder in Interviews als neue Erkenntnis verkauft wird. Dabei ist es eine Phase, die schon bei der einfachen Betrachtung eines saisonalen Charts für ein gesamtes Jahr auffällt. Allerdings sollte man für die bessere Optik (ändert nichts an der Auswertung) einen kleinen Trick anwenden. Dazu verschiebt man den Startzeitpunkt im Chart so, dass man den gesamten genannten Zeitraum auf einen Blick erkennen kann.

Der entsprechende Chart stellt sich dann wie in Abbildung 9.11 gezeigt dar.

Ich lasse hier den Chart Anfang Juli beginnen und Ende Juni enden.

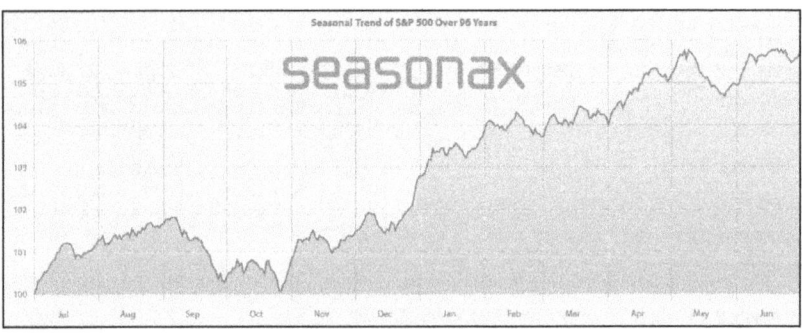

Abbildung 9.11: S&P 500 von Oktober bis Mai

Es gilt allgemein als anerkannt, dass sich der US-Markt in der Zeit von Oktober bis Mai am besten entwickelt und man sein Kapital in der übrigen Zeit besser auf einem Festgeldkonto lagert. Mit dieser Strategie würde man den Index deutlich schlagen können. Tatsächlich ist die Trefferquote von 71 zu 25 eine ganz besonders gute Verhältniszahl. Auch die durchschnittliche Performance in diesem Zeitraum von 11,5 Prozent lädt dazu ein, diese Phase für eine Long-Investition zu nutzen. Die Jahre, in denen es nicht zu einem positiven Ergebnis gekommen ist, waren zwar nur 25, haben aber einen recht hohen durchschnittlichen Verlust von minus 9,9 Prozent erwirtschaftet. Trotzdem kann bei dieser Gesamtperformance eine Investition sinnvoll sein.

Bei einer solchen Strategie darf noch erwähnt werden, dass sie kaum Stress beim Anleger erzeugt. Sie haben in einem fest definierten Zeitraum eine »Long-only-Strategie« und einen definierten Stopp. Somit sind Sie nicht gezwungen, täglich die Position zu überprüfen. Schwankungen, die zwangsläufig vorkommen, sollten daher keinen Stressfaktor darstellen.

10 Vor und nach Feiertagen

Feiertage sind willkommene Abwechslung für Arbeitnehmer, neben dem Urlaub einmal aus dem üblichen Trott des Arbeitsumfeldes herauszukommen. Vor allem in den Vereinigten Staaten haben solche Feiertage eine ganz besondere Bedeutung, da der durchschnittliche Arbeitnehmer dort deutlich weniger Urlaubstage zur Verfügung hat als der deutsche Arbeitnehmer. Daher ist man in den Vereinigten Staaten vielmehr auf diese Feiertage angewiesen als in Deutschland. Sie werden häufig, ähnlich den deutschen Brückentagen, mit dem eigentlichen Urlaub verbunden, um so ein paar mehr Tage am Stück genießen zu können.

Feiertage haben aber auch zum Teil signifikante Auswirkungen auf die Märkte. So sind oft vor und nach diesen Feiertagen Gesetzmäßigkeiten zu erkennen, die man für das Trading nutzen kann. Eine Auswahl von US-, aber auch internationalen Feiertagen soll deutlich machen, dass Feiertage aus Börsensicht nicht gleich Feiertage sind.

Labor Day

Es hält sich hartnäckig die Aussage, dass die Börsen nach dem Labor Day den Trend ändern. Dieser Feiertag wird immer am ersten Montag im September gefeiert und ist der Gedenktag der Arbeiterbewegung. Er entspricht dem 1. Mai in Deutschland. Ob tatsächlich nach diesem Feiertag eine Trendwende vorliegt, ist mit den saisonalen Charts kaum ermittelbar. Allerdings kann eine Betrachtung vorgenommen werden, ob die Phase vor oder nach dem Feiertag besser zum Handeln ist (vergleiche Abbildung 10.1).

Die Börsenweisheit einer Trendwende ist im Chart gut erkennbar (zumindest, was die Tage unmittelbar davor und danach betrifft,

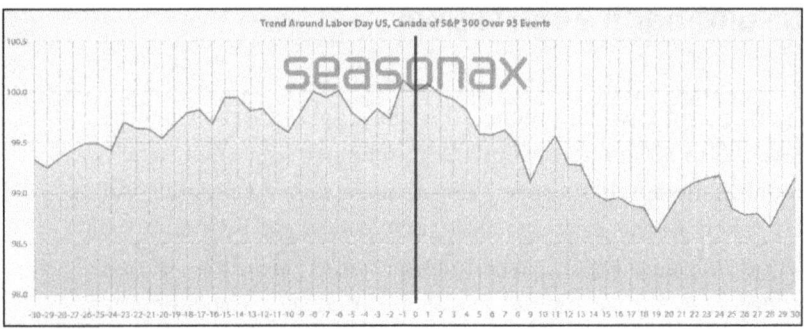

Abbildung 10.1: Entwicklung vor und nach Labor Day beim S&P 500

von einer übergeordneten Trendwende kann hier natürlich nicht die Rede sein), wenngleich ein Handel nicht einfach werden dürfte.

Wenn nach dem Feiertag eine Short-Position eröffnet wird, kann man von den 96 Ereignissen lediglich 54 mit einem positiven Ergebnis mit durchschnittlich 4,3 Prozent abschließen. Dazu muss die Position 19 Tage gehalten werden. In den 42 Jahren, in denen sich der Markt gegen den im Chart offensichtlichen Abwärtstrend stellt, würde man durchschnittlich rund 2,5 Prozent verlieren. Damit sieht diese Phase für ein Short-Investment optisch besser aus, als sie in Wirklichkeit ist.

Etwas anders verhält es sich in den zehn Tagen vor dem Feiertag. Diese Zeit sieht weit weniger spektakulär aus als die Zeit nach dem Feiertag, kann aber ein leicht besseres Ergebnis vorweisen. So verlaufen die Tage vor dem Feiertag 56 Mal positiv und generieren im Schnitt 2,7 Prozent, während die 40 negativen Phasen durchschnittlich 2,6 Prozent abgeben.

Abbildung 10.2 macht deutlich, dass in den Phasen vor und nach dem Feiertag zwar eine Signifikanz zu sehen ist, allerdings ist die Trefferquote nicht hoch genug, um eine gute Trading-Performance erzielen zu können, da die Ausreißer in die vom Anleger aus gesehen falsche Richtung zu häufig vorkommen.

Martin Luther King Day

Vor und nach Labor Day	Trefferquote in Jahren für den Zeitraum	durchschnittliche Performance	durchschnittliche Performance in Negativjahren
10 Tage vor bis Labor Day	56-40	2,70 %	-2,60 %
Labor Day bis 19 Tage danach	42-54	2,50 %	-4,30 %

Abbildung 10.2: Ausgewählte Zeiträume rund um den Labor Day

Außergewöhnlich gut kann man daher diese Möglichkeit nicht nennen. Es gehört schon viel Erfahrung dazu, diesen Feiertag als Trading-Ansatz zu nutzen. Ich gehöre nicht zu den Nutzern, auch wenn ich sicher über ausreichend Erfahrung verfüge.

Martin Luther King Day

Dem großen amerikanischen Freiheitskämpfer wurde in den Vereinigten Staaten eigens ein Feiertag gewidmet. Der Martin Luther King Day wird immer am 3. Montag im Januar begangen und liegt damit sehr nahe oder genau auf dem Tag seines Geburtstags, dem 15. Januar.

Die Phase um diesen Feiertag erweist sich als ausgesprochen positiv (vergleiche Abbildung 10.3). Sowohl vor als auch nach dem Feiertag stellen sich Phasen ein, die zum Trading genutzt werden

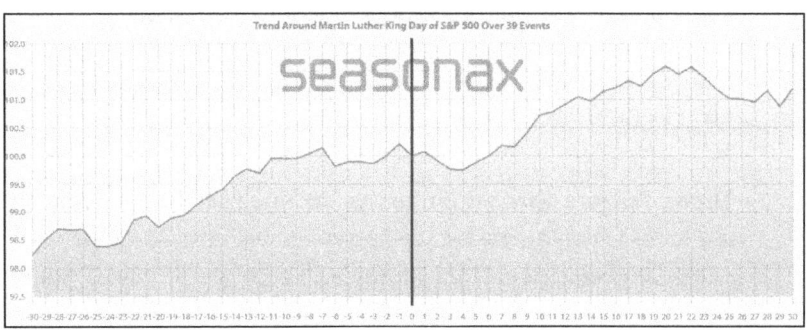

Abbildung 10.3: Entwicklung vor und nach dem Martin Luther King Day

können. Dabei sind beide Phasen für »Long-Positionen« geeignet und weisen sehr ähnliche Verhältniszahlen auf.

In beiden Phasen vor und nach dem Feiertag ist die Trefferquote gleich (vergleiche Abbildung 10.4). Auch die Performancezahlen sind sehr ähnlich, wobei die Minusperformance im zweiten Zeitraum etwas geringer ist, was den Ertrag unter dem Strich steigert.

Vor und nach Martin Luther King	Trefferquote in Jahren für den Zeitraum	durchschnittliche Performance	durchschnittliche Performance in Negativjahren
23 Tage vor bis zum Feiertag	28-11	3,80 %	−3,80 %
4 Tage nach bis 20 Tage nach Feiertag	28-11	3,50 %	−2,20 %
24 Tage vor bis 20 Tage nach dem Feiertag	29-10	6,00 %	−4,50 %

Abbildung 10.4: Ausgewählte Zeiträume rund um den Martin Luther King Day

Da es in beiden Phasen einige Ausreißer nach unten gibt, empfiehlt es sich hier besonders, ein Stopp-Loss bei einem Trade einzurichten.

Man muss sich aber nicht unbedingt die Arbeit machen, die Position für die vier Tage nach dem Feiertag aufzulösen. Der Gesamtzeitraum, den ich als drittes in Abbildung 10.4 eingetragen habe, bietet eine ausreichende Performance, die man auch so handeln kann, ohne eine Unterbrechung vornehmen zu müssen.

Memorial Day

Dieser Feiertag wird zu Ehren der im Krieg gefallenen Soldaten am letzten Montag im Mai begangen. Er hat eine Phase, die sich nach dem Feiertag entwickelt und sich recht gut für ein Trading eignet (vergleiche Abbildung 10.5).

Columbus Day

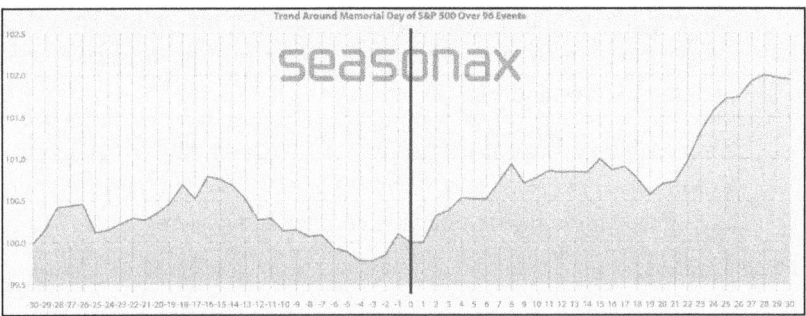

Abbildung 10.5: Entwicklung vor und nach dem Memorial Day

Die Phase vor dem Feiertag sieht zwar auch interessant aus, ist aber nicht besonders erfolgreich, weshalb ich diese nur in Abbildung 10.6 erwähne.

Vor und nach Memorial Day	Trefferquote in Jahren für den Zeitraum	durchschnittliche Performance	durchschnittliche Performance in Negativjahren
16 Tage vor bis 3 Tage vor Memorial	44-52	2,50 %	−3,80 %
3 Tage vor bis 28 Tage nach dem Feiertag	66-30	5,10 %	−3,80 %

Abbildung 10.6: Ausgewählte Zeiträume um den Memorial Day

Vom dritten Tag vor dem Feiertag bis zum 28. Tag nach dem Feiertag stellt sich eine besonders gute Trefferquote mit 66 positiven Ereignissen dar, die im Schnitt über 5 Prozent erzielt hat.

Damit handelt es sich bei dem zweiten Zeitraum um einen sehr guten Trading-Zeitraum.

Columbus Day

Am zweiten Montag im Oktober wird in den Vereinigten Staaten die Entdeckung Amerikas durch Christoph Kolumbus gefeiert. Dieser Feiertag war lange Zeit nicht unumstritten und wurde erst im vergangenen Jahrhundert als permanenter nationaler Feiertag ausgerufen. Für die Börse hat auch dieser Feiertag offenbar eine bedeutende Bewandtnis.

Zwei auffällige Phasen prägen den Zeitraum vor und nach dem Columbus Day (vergleiche Abbildung 10.7). Diese Phasen stellen auch gute Möglichkeiten dar, ausgenutzt zu werden.

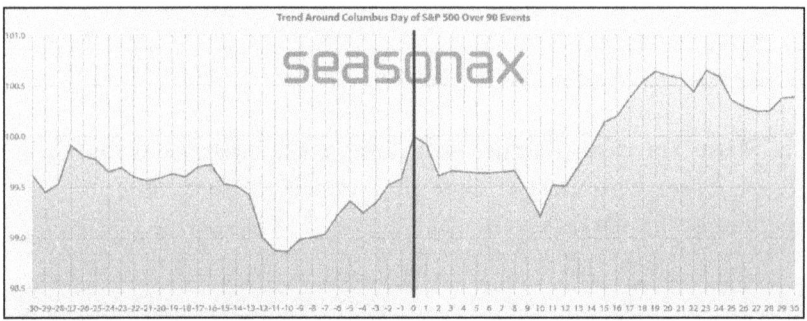

Abbildung 10.7: Entwicklung vor und nach dem Columbus Day

Zehn Tage vor dem Feiertag konnte in den letzten 90 Jahren immerhin 58 Mal ein durchschnittlicher Gewinn von 3,2 Prozent erzielt werden. Dem standen 32 Jahre mit durchschnittlich 2,5 Prozent Verlust gegenüber. Noch besser stellt sich der Zeitraum nach dem Feiertag dar. In 61 Fällen kann eine Rendite von durchschnittlich 3 Prozent erzielt werden, was etwas geringer ist als vor dem Feiertag. In den negativen Jahren wird aber nur ein durchschnittlicher Verlust von 1,7 Prozent vereinnahmt. Somit ist der

Vor und nach Columbus Day	Trefferquote in Jahren für den Zeitraum	durchschnittliche Performance	durchschnittliche Performance in Negativjahren
10 Tage vor bis Columbus Day	58-32	3,20 %	–2,50 %
10 Tage nach bis 19 Tage nach Columbus Day	61-29	3,00 %	–1,70 %

Abbildung 10.8: Ausgewählte Zeiträume um den Columbus Day

Zeitraum nach dem Feiertag eindeutig interessanter als der davor und bietet eine gute Trading-Möglichkeit.

Thanksgiving

Thanksgiving ist ein typisches Familienfest, was oft auch mit Freunden begangen wird. Es wird am vierten Donnerstag im November gefeiert. Für die Börse ist dieser Feiertag eine besonders ertragreiche Phase. Dies ist in Abbildung 10.9 auch auf den ersten Blick zu erkennen.

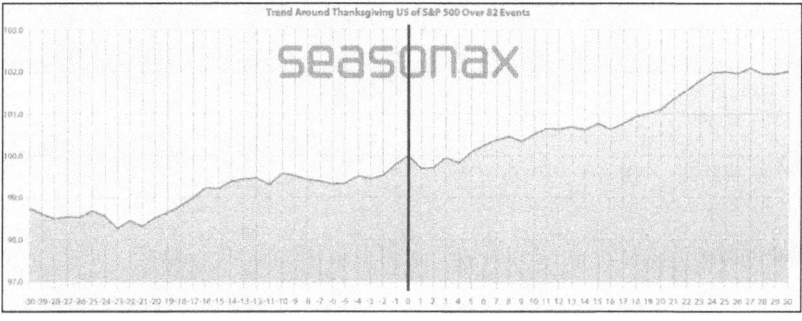

Abbildung 10.9: Entwicklung vor und nach Thanksgiving

Bei der Betrachtung dieses Charts sollte nicht vergessen werden, dass der Feiertag in einer Zeit liegt, in der sehr häufig die bekannte und viel zitierte sowie hier schon mehrfach erwähnte Jahresendrallye startet. Somit ist es nicht verwunderlich, dass im Zeitraum von zwei Tagen nach dem Feiertag bis 27 Tage nach dem Feiertag eine besondere Trefferquote zu erzielen ist (vergleiche Abbildung 10.10).

Vor und nach Thanksgiving	Trefferquote in Jahren für den Zeitraum	durchschnittliche Performance	durchschnittliche Performance in Negativjahren
2 Tage nach bis 27 Tage nach Thanksgiving	66-16	3,70 %	−2,70 %

Abbildung 10.10: Ausgewählter Zeitraum nach Thanksgiving

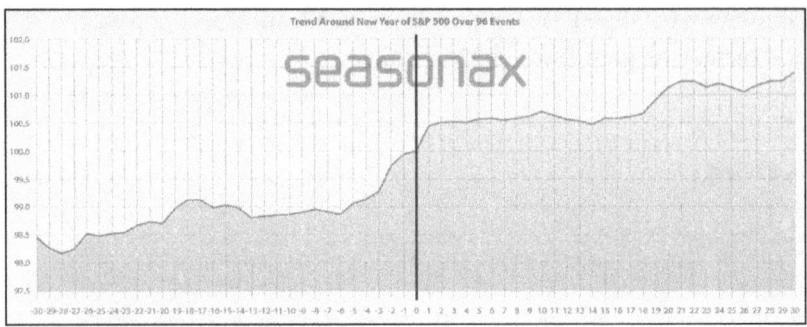

Abbildung 10.11: Entwicklung vor und nach Neujahr

Vor und nach Neujahr	Trefferquote in Jahren für den Zeitraum	durchschnittliche Performance	durchschnittliche Performance in Negativjahren
6 Tage vor bis 1 Tag nach Neujahr	75-21	2,60 %	-1,70 %

Abbildung 10.12: Ausgewählter Zeitraum um Neujahr

Neujahr

Auch wenn der Jahreswechsel international einen Feiertag darstellt, soll hier die Betrachtung mit dem S&P 500 vorgenommen werden. Es darf nicht verwundern, dass auch hier eine besonders gute Phase zu identifizieren ist, fällt doch auch dieses Fest in die Zeit der oben genannten Jahresschlussrallye.

Sechs Tage vor bis einen Tag nach Neujahr kann eine nicht überraschend starke Phase beobachtet werden. Allerdings stellt sich hier die Frage, ob ein zusätzliches Engagement sinnvoll ist, wenn man bereits die Thanksgiving-Phase oder eben die übliche Jahresschlussrallye ausnutzt.

11 Notenbank-Events und Datenveröffentlichungen

Was könnte näher für die Börsen liegen, als auf die Entscheidungen von Notenbanken zu achten. Jedes Mal, wenn eine Notenbank eine Zinsentscheidung fällt, wird im Vorfeld über mögliche Folgen diskutiert, und wenn die Entscheidung dann gefallen ist, kommt es nicht selten zu besonderen Bewegungen an den Märkten. So können mehrere Betrachtungen vorgenommen werden. Eine sicher recht neutrale Betrachtung ist der Termin einer Notenbank für sich genommen, ohne auf das Ergebnis der Beratungen zu achten. Damit möchte ich in diesem Kapitel auch beginnen.

Termine der Federal Reserve (FED)

FED-Termin, 2. Tag nach Beginn der Beratungen

Da der in Abbildung 11.1 gezeigte Chart vor und nach einem FED-Meeting keine besonderen Bewegungen aufweist, sondern einfach nur steigt, lohnt hier kaum ein tieferer Blick in die Daten. Zum Traden auf dieses Event losgelöst von einer Entscheidung ist dieser Zeitraum eher nicht geeignet. Eine Investition, also eine Long-only-Strategie, würde allerdings in diesen 60 Tagen mit einem Verhältnis von 501 positiven zu 253 negativen Ereignissen und 5,7 Prozent zu 5,6 Prozent zu Buche schlagen.

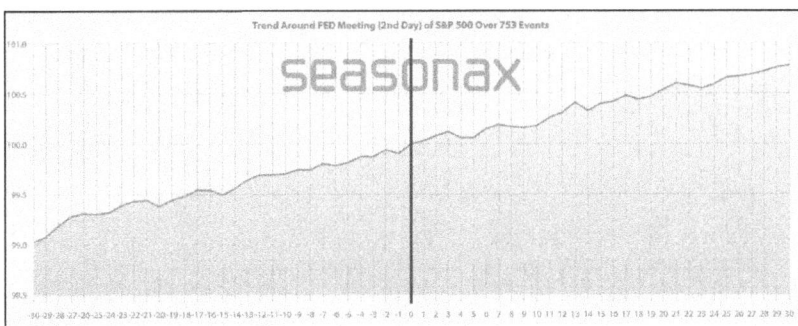

Abbildung 11.1: Entwicklung vor und nach dem FED-Meeting

Wie sieht es aber aus, wenn man die Ereignisse voneinander trennt? Wenn es also zu einer Zinsveränderung in die eine oder andere Richtung gekommen ist? Oder wenn es überhaupt eine Änderung gegeben hat, egal in welche Richtung? Auch wenn es keine Änderung gegeben hat, kann dies eine besondere Bedeutung für die Märkte haben.

Diese Ereignisse werde ich nun sowohl für die Vereinigten Staaten als auch für die Europäische Zentralbank (EZB), also für Europa, betrachten.

Zinssenkung durch die FED

Es liegt auf der Hand, dass der Zeitraum vor einer Zinssenkung nicht ausgewertet werden kann, da im Vorfeld zwar viel über eine mögliche Zinssenkung spekuliert und diskutiert wird und der mögliche Termin natürlich auch feststeht, die Entscheidung aber eben noch nicht bekannt ist. Somit bleibt nur der Blick auf den Zeitraum nach der Entscheidung zur Senkung der Zinsen (vergleiche Abbildung 11.2).

Die Trefferquote, nach Zinssenkungen einen durchschnittlichen Gewinn von über 5 Prozent zu erzielen, ist besonders hoch. Aber es muss auch beachtet werden, dass es 29 Mal vorgekommen ist, dass eine Zinssenkung keinen positiven Effekt hatte und hier knapp 5 Prozent im Schnitt eingebüßt wurden (vergleiche Abbildung 11.3).

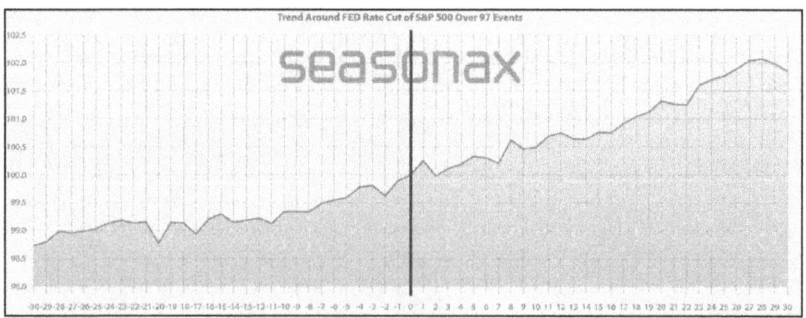

Abbildung 11.2: Zeitraum vor und nach einer FED-Zinssenkung

Termine der Federal Reserve (FED)

FED Zinssenkung	Trefferquote in diesem Zeitraum	durchschnittliche Performance	durchschnittliche Performance in Negativphasen
2 Tage nach bis 27 Tage nach der Senkung	68-29	5,10 %	-4,70 %

Abbildung 11.3: Ausgewählter Zeitraum nach FED-Zinssenkung

Zinserhöhung durch die FED

Es ist bekannt, dass die Marktteilnehmer meist wenig erfreut sind, wenn die Notenbank die Zinsen erhöht. Trotzdem ist die verbale Reaktion offenbar oft heftiger als die Marktreaktion. Dies wird im Chart in Abbildung 11.4 zunächst nicht sichtbar, zeigt sich dann aber bei der Auswertung (vergleiche Abbildung 11.5).

Könnte man vor der Zinserhöhung bereits absehen, dass die Zinsen steigen, würde sich sicher ein sinnvoll handelbarer Zeitraum ergeben. Dies ist aber nicht der Fall, weshalb nur ab dem Tag der Entscheidung geschaut werden kann, welcher Zeitraum für einen Short-Trade geeignet ist.

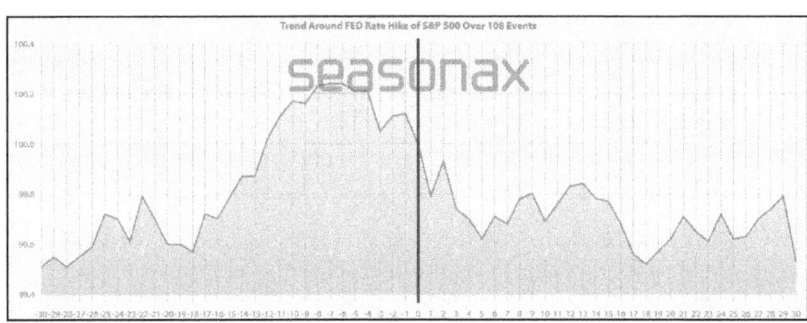

Abbildung 11.4: Zeitraum vor und nach einer FED-Zinserhöhung

FED Zinserhöhung	Trefferquote in diesem Zeitraum	durchschnittliche Performance	durchschnittliche Performance in Negativphasen
2 Tage nach bis 27 Tage nach der Senkung	68-29	5,10 %	-4,70 %

Abbildung 11.5: Ausgewählter Zeitraum nach einer Zinserhöhung

Auch wenn die Angst vor Zinserhöhungen (je nach Marktumfeld) meist recht hoch ist und entsprechend darüber berichtet wird, zeigt die Statistik, dass es auch 42 Ereignisse gab, in denen die Kurse gestiegen sind. Bei den, zugegeben, überwiegenden Abwärts-Events konnte aber kaum ein signifikanter Gewinn erzielt werden. Somit sollte man davon absehen, eine Short-Position einzugehen, nur weil eine Zinserhöhung beschlossen wurde.

Zinsänderung durch die FED

Eine interessante Variante ist, darauf zu achten, ob es überhaupt eine Änderung, egal ob nach oben oder nach unten, gegeben hat. Hier kristallisiert sich eine Phase heraus, die für einen Trade zumindest angedacht werden könnte.

Zunächst läuft der S&P 500 unmittelbar nach dem Feststehen einer Zinsänderung mehr oder weniger seitwärts (vergleiche Abbildung 11.6). Ab dem siebten Tag nach der Zinsänderung beginnt der Markt aber in 122 der 205 untersuchten Fälle zu steigen. Dieser Anstieg dauert dann bis zum 24. Tag nach der Änderung und erzielt immerhin durchschnittlich etwas mehr als 3 Prozent. In den Fällen, in denen es nicht zu einer positiven Performance gekommen ist, werden knapp unter 3 Prozent verloren (vergleiche Abbildung 11.7).

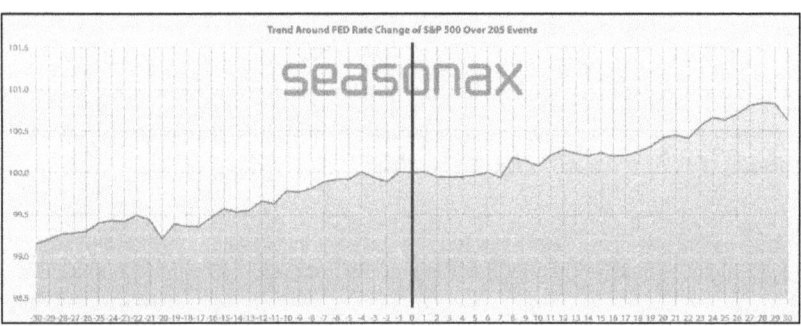

Abbildung 11.6: Zeitraum vor und nach einer FED-Zinsveränderung

Termine der Federal Reserve (FED)

FED Zinsänderung	Trefferquote in diesem Zeitraum	durchschnittliche Performance	durchschnittliche Performance in Negativphasen
7 Tage nach bis 24 Tage nach der Änderung	122-83	3,30 %	-2,90 %

Abbildung 11.7: Zeitraum nach einer FED-Zinsänderung

Keine Zinsänderung durch die FED

Wenn die FED keine Zinsänderung vorgenommen hat (vergleiche Abbildung 11.8), ähnelt der Chart sehr stark dem, der sich ergibt, wenn einfach nur der Meeting-Termin betrachtet wurde. Auch wenn nach diesem Ereignis, was eigentlich ja gar kein Ereignis darstellt, die Trefferquote recht gut ist, sind die Events, bei denen es abwärts geht, mit einem höheren Verlust gezeichnet als die Gewinntrades. Daher bietet sich der Zeitraum, bei dem keine Zinsänderung vorgenommen wurde, nicht für eine Positionierung an.

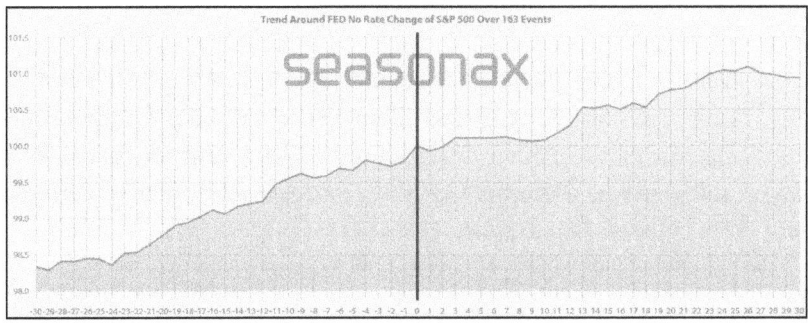

Abbildung 11.8: Zeitraum vor und nachdem die FED keine Zinsänderung vorgenommen hat

FED keine Zinsänderung	Trefferquote in diesem Zeitraum	durchschnittliche Performance	durchschnittliche Performance in Negativphasen
1 Tag nach bis 26 Tage nach der Entscheidung	112-51	3,70 %	-4,20 %

Abbildung 11.9: Ausgewählter Zeitraum nach einer Entscheidung, die Zinsen unverändert zu lassen

Natürlich kann man im Vorfeld eines FED-Meetings zwar Spekulationen und Prognosen vornehmen, ob es eine Zinsänderung gibt oder nicht, eine Garantie dafür kann es gleichwohl nicht geben.

Europäische Zentralbank (EZB)

Termin der EZB

Die Europäische Notenbank EZB hält, ebenso wie die US-Notenbank, regelmäßig ihre Sitzungen ab, was nahelegt, dass auch diese Events einen Einfluss auf die Märkte haben. Für die Überprüfung der Performance und Trefferquote habe ich den DAX herangezogen, da hier der Einfluss besonders groß sein dürfte.

In diesem Chart (vergleiche Abbildung 11.10) fallen gleich mehrere Zeiträume optisch besonders auf. Wie immer bedeutet das nicht, dass es sich auch um Zeiträume handelt, die eine besonders gute Performance aufweisen. In Abbildung 11.11 nenne ich zwar die entsprechenden Daten, werde aber nicht alle beschreiben.

Der aus meiner Sicht interessanteste Zeitraum stellt sich von 6 Tage nach bis 20 Tage nach dem Event dar. Hier können immerhin in 170 Fällen durchschnittlich 4,2 Prozent Ertrag erzielt werden, während 131 Mal ein durchschnittlicher Verlust

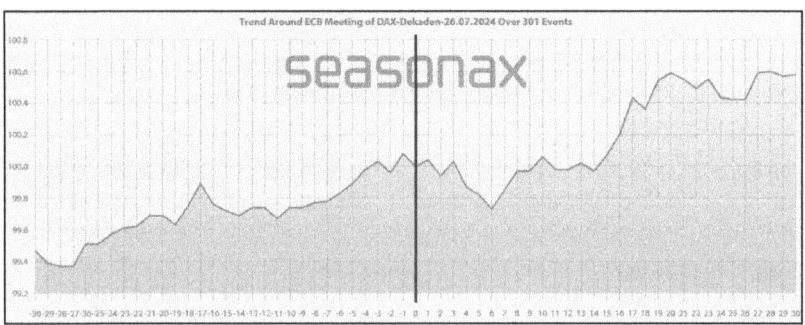

Abbildung 11.10: Zeitraum vor und nach einer EZB-Sitzung

von 3,3 Prozent ertragen werden muss. Auch wenn dies keine überragende Statistik ist, kann mit einem entsprechenden Money-Management hier sicher erfolgreich gearbeitet werden. Die übrigen Zeiträume stellen trotz zum Teil guter Trefferquoten keine vernünftigen Chance-Risiko-Relationen dar (vergleiche Abbildung 11.11).

EZB-Termin	Trefferquote in diesem Zeitraum	durchschnittliche Performance	durchschnittliche Performance in Negativphasen
27 Tage vor bis 17 Tag vor Termin	183-119	2,90 %	–3,10 %
11 Tage vor bis 1 Tag vor Termin	178-124	3,30 %	–3,60 %
1 Tag vor bis 6 Tage nach dem Termin	150-152	2,80 %	–3,30 %
6 Tage nach bis 20 Tage nach dem Termin	170-131	4,20 %	–3,30 %

Abbildung 11.11: Ausgewählte Zeiträume vor und nach einem EZB-Meeting

Zinssenkung durch die EZB

Wenn die EZB sich zu einer Zinssenkung entschlossen hat, ist ein Zeitraum von der Optik her ganz besonders interessant, da hier offensichtlich eine gute und schnelle Performance nach der Senkung erzielt werden kann (vergleiche Abbildung 11.12).

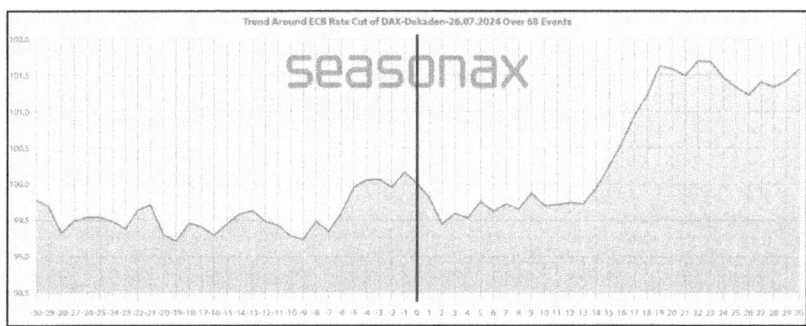

Abbildung 11.12: Zeitraum vor und nach einer EZB-Sitzung mit Zinssenkung

Es handelt sich um den Zeitraum 13 Tage nach bis 19 Tage nach der Zinssenkung. Dieser Zeitraum nach der Zinssenkung ist sowohl von der Trefferquote mit 50 zu 18 als auch der Performance von durchschnittlich 3,2 zu 1,6 Prozent für diesen kurzen Zeitraum außerordentlich gut. Man könnte schon von einem Paradies für Trader sprechen. Aber auch dieses Paradies hat seine Tücken und sollte nicht ungeprüft gehandelt werden. Ich selbst habe während der Entstehung dieses Buches versucht, eine solche Situation zu nutzen. Leider konnte ich keinen Ertrag einfahren. Glücklicherweise habe ich nur einen sehr kleinen Betrag investiert, sodass ich nur einen sehr kleinen Verlust erlitten habe.

Eher unauffällig kommt die Verlängerung nach vorne daher. Vom zweiten Tag nach der Zinssenkung bis zum 19. Tag nach diesem Ereignis ist die Verhältniszahl noch immer mit einer sehr guten 48 zu 20 zu handeln. Die Prozentzahlen sind hier signifikant anders als die des kürzeren Zeitraums (vergleiche Abbildung 11.13). Die 48 positiven Jahre können auf beachtliche 5,1 Prozent im Durchschnitt blicken. Allerdings warten auch die 20 negativen Jahre mit einer erhöhten Negativperformance von 4,4 Prozent auf. Diese hohe negative Durchschnittzahl kommt aber auch durch ein einziges Event im Jahr 2001 zustande. Rechnet man diesen besonders hohen Verlust heraus, stellt sich die Durchschnittsperformance fast ein Prozent besser dar. Es lohnt sich also auch immer der Blick in die Historie, um zu verstehen, wie eine solche Zahl entstanden ist.

Die beschriebenen Zeiträume sind für Trader also durchaus für Long-Trades geeignet und sollten entsprechend beachtet werden.

EZB-Zinssenkung	Trefferquote in diesem Zeitraum	durchschnittliche Performance	durchschnittliche Performance in Negativphasen
13 Tage nach bis 19 Tag nach dem Termin	50-18	3,20 %	-1,60 %
2 Tage nach bis 19 Tage nach dem Termin	48-20	5,10 %	-4,40 %

Abbildung 11.13: Ausgewählte Zeiträume nach einer EZB-Zinssenkung

Europäische Zentralbank (EZB)

Zinserhöhung durch die EZB

Die Grafik in Abbildung 11.14 zeigt bereits auf den ersten Blick, dass es kaum ausgeprägte länger anhaltende Tendenzen nach einer Zinserhöhung durch die EZB gibt. Natürlich kann man sich auch hier den einen oder anderen Zeitraum näher ansehen. Entweder sind die Trefferquoten nicht besonders hoch oder die Performance lässt kaum einen erfolgreichen Trade erwarten. Daher gehe ich auf dieses Event nur der Vollständigkeit halber ein.

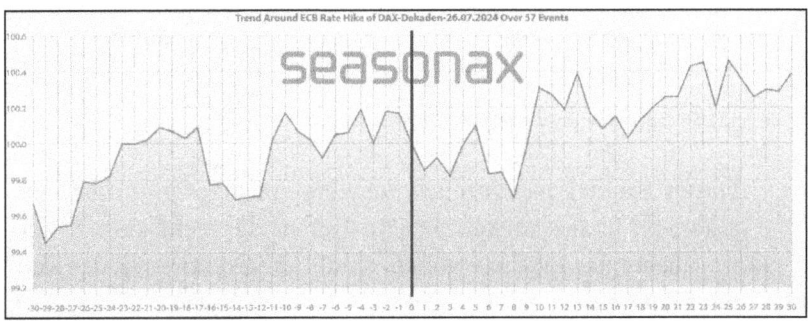

Abbildung 11.14: Zeitraum vor und nach einer EZB-Sitzung mit Zinserhöhung

Zinsänderung durch die EZB

Der Chart bei Zinsänderungen, gleich in welche Richtung, ähnelt sehr stark dem von Zinssenkungen (vergleiche Abbildung 11.15).

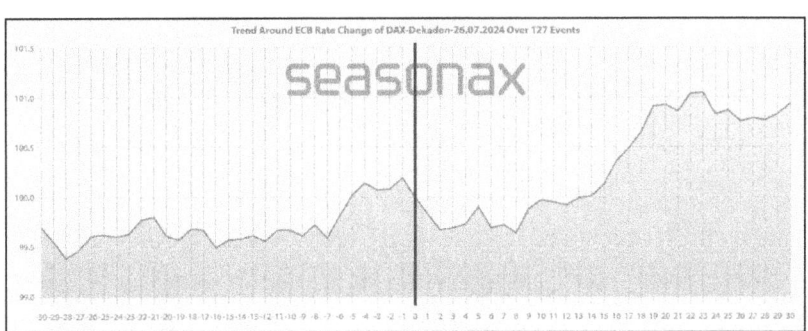

Abbildung 11.15: Zeitraum vor und nach einer EZB-Sitzung mit Zinsänderung

Der beste Zeitraum im Falle einer Änderung der Zinsen gestaltet sich vom 8. Tag bis zum 22. Tag nach der Zinsänderung (vergleiche Abbildung 11.16). Hier können doppelt so viele Jahre auf eine positive Perfomance blicken wie auf eine negative. Mit dieser Trefferquote und der noch akzeptablen Durchschnittsperformance ist dieser Zeitraum daher für Trader durchaus attraktiv.

EZB-Zinsänderung	Trefferquote in diesem Zeitraum	durchschnittliche Performance	durchschnittliche Performance in Negativphasen
8 Tage nach bis 22 Tage nach dem Termin	84-43	3,80 %	-3,10 %

Abbildung 11.16: Ausgewählter Zeitraum nach einer EZB-Zinsänderung

Dieses Kapitel hat gezeigt, dass Notenbankevents durchaus eine Signifikanz aufweisen. Für Trader, die recht kurzfristige Engagements eingehen wollen, sind diese Events auf jeden Fall beachtenswert.

12 Saisonalitäten bei Einzelwerten

Bisher haben wir nur Indizes und ihr Verhalten in gewissen Zeiträumen oder bei bestimmten Events betrachtet.

Es gibt aber auch die Möglichkeit, einzelne Aktien mit saisonalen Charts zu analysieren. Dabei spielt eine entscheidende Rolle, dass man einen günstigen Einstieg findet. Anleger und Trader haben bereits mehrfach geäußert, dass nach der klassischen Technischen Analyse ein Blick auf die Statistik eine signifikante Performanceverbesserung nach sich zieht. Manchmal können nämlich wenige Tage oder Wochen einen günstigeren Zeitpunkt ausmachen, um in einen Wert einzusteigen oder aus einer Aktie auszusteigen. Ich kann diese Einschätzung aus eigener Erfahrung nur bestätigen. Diese Erfahrung muss allerdings jeder selbst machen, da zunächst die Technische Analyse entscheidend für eine Investition ist und dann erst die saisonale Einschätzung vorgenommen wird. So kann es sich ergeben, dass zum Beispiel der Einstieg einige Tage nach hinten verlegt werden muss.

Suche nach guten saisonalen Zeiträumen

Ein anderer Ansatz bei der Analyse für Einzelwerte kann aber auch das Suchen nach geeigneten Zeiträumen sein. Wenn diese gefunden wurden, schaut man auf den Chart und analysiert, ob es klassische Ein- oder Ausstiegssignale gibt.

So habe ich zum Beispiel bei meiner »Lieblingsaktie« (so etwas sollte es eigentlich nicht geben) AMGEN INC. eine immer wiederkehrende Phase im Sommer gefunden, die ich auch regelmäßig handele. Da diese positive Möglichkeit zuletzt fast jedes Jahr erfolgreich verlaufen ist, wollte ich wissen, was dahintersteckt.

Entsprechend fragte ich einen befreundeten Fundamentalanalysten. Dieser erklärte mir, dass Amgen schon immer recht konservative Schätzungen für die Ertragserwartungen veröffentlicht habe.

Dies führte dann dazu, dass diese Schätzungen regelmäßig übertroffen wurden. Besonders galt dies für den besagten Zeitraum im Sommer. Wie man in Abbildung 12.1 sehen kann, ist auch eine solche Phase nicht immer erfolgreich, zeigt aber, dass man hier eine hohe Signifikanz vorfindet, die auch ohne technisches Signal handelbar ist.

Dies ist nur ein Beispiel von vielen. Suchen Sie nach Aktien, die regelmäßig bei den Ertragszahlen positiv überraschen, und schauen Sie dann, ob es dafür eine statistische Relevanz über einen längeren Zeitraum gibt. Es könnte auf Dauer ein lohnender Ansatz sein.

Eine noch nicht erprobte, aber möglicherweise ebenfalls sinnvolle Überlegung ist eine regelmäßige Investition in Aktien, die in der Vergangenheit bestimmte, besonders gute Zeiträume aufgewiesen haben. So könnte eine Fleißarbeit derart aussehen, dass man möglichst viele Aktien auf den jeweils besten Zeitraum des Jahres (gleichgültig ob long oder short) scannt und dann immer umschichtig investiert.

Eine Beispielliste, die nicht vollständig und auch nicht zum Nachhandeln geeignet ist, habe ich in Abbildung 12.2 dargestellt.

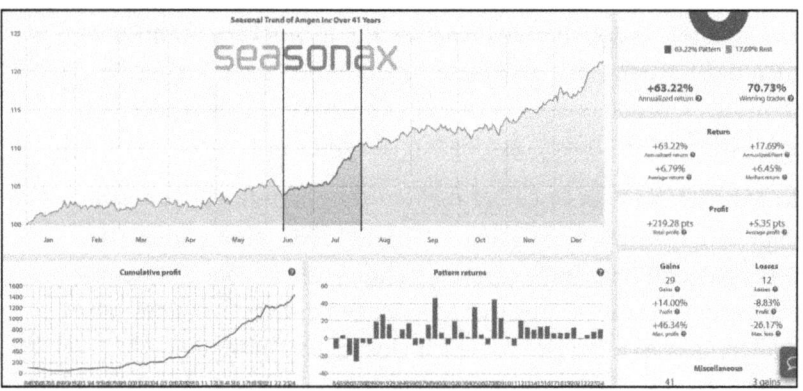

Abbildung 12.1: Amgen im Zeitraum von 41 Jahren

Suche nach guten saisonalen Zeiträumen

Zeitraum		Aktie	Verhältnis	l/s	durchschn.Rendite
Januar	18.1.-19.2.	Lotus	27-2	l	10.04 %
Februar	29.1.-14.2.	AMD	13-2	l	10.47 %
März	14.3.-2.5.	Symrise	13-1	l	9.94 %
März	23.3.-16.5.	Mondelez	13-1	l	9.48 %
März	23.3.-20.5.	Fresenius	13-1	l	10.96 %
März	23.3.-29.4.	Celanese	13-1	l	13.17 %
März	23.3.-24.4.	Yum Brands	13-1	l	8.92 %
März	23.3.-22.4.	Puma	12-2	l	9.00 %
März	23.3.-19.9.	Arch Capital Group	24-2	l	12.04 %
Mai	3.5.-29.5.	Electronic Arts	12-2	l	12.19 %
Mai	24.5.-8.6.	Broadcom	14-0	l	7.25 %
Mai	27.5-15.7.	Tui	2-12	s	16.22 %
Mai	27.5.-7.7.	Deutsche Bank	3-12	s	10.53 %
Juni	6.6.-26.6.	Deutsche Lufthansa*	5-10	s	13.28 %
Juni	7.6.-27.6.	Commerzbank	2-13	s	10.47 %
Juni	11.6.-31.7.	Old Dominion Freight	16-3	l	13.40 %
Juni	12.6.-31.7.	Amgen	13-2	l	10.33 %
Juni	13.6.-25.7.	Meta Platforms	12-0	l	11.96 %
Juni	27.6.-3.8.	Sartorius	12-3	l	14.74 %
Juni	29.6.-20.7.	Amazon	14-1	l	7.84 %
Juni	30.6.-30.7.	Alphabet	15-0	l	8.73 %

Abbildung 12.2: Ausgewählte Einzeltitel im ersten Halbjahr mit interessanten Phasen

Wie bereits erwähnt, ist dieser Ansatz noch nicht getestet und es ist auch kein Backtest vorgenommen worden. Die Liste soll lediglich die Möglichkeiten aufweisen, die man sich mit Saisonalitäten ausdenken kann.

Ein ungeahnter Vorteil, den die Analyse mit Saisonalitäten bietet, wird den meisten auf den ersten Blick sicher nicht auffallen.

Gewiss kennen Sie das Gefühl, wenn Sie eine Analyse vorgenommen haben und investiert sind. Sie warten, am Anfang noch geduldig, dass Ihre Erwartungshaltung eintrifft. Je länger die

Investition läuft und sich kein Erfolg einstellt, umso unruhiger werden Sie. Es gleicht »dem Warten auf Godot«, welches wir aus dem Theaterstück kennen. Wer das Stück kennt, weiß, dass dieser Godot niemals auftritt.

Wenn Sie sich keinen Trading-Plan vor der Investition geschrieben haben, laufen Sie Gefahr, übereilt und vor allem unkontrolliert zu handeln. Irgendwann verlieren Sie die Nerven und stoßen die Investition ab.

Sagen Sie jetzt bitte nicht, dass Ihnen dies nicht passieren könne. Ich selbst habe in meiner Laufbahn oft genug spüren müssen, dass mich die Emotionen überkommen und ich unüberlegte Handlungen vollzogen habe.

Dabei gibt es einen Ansatz, der sozusagen von alleine den Trading-Plan schreibt. Dieser Ansatz wird durch die Saisonalität vorgegeben. So könnte man das Ende der Investition auch *Zeitstopp* nennen. Aus eigener Erfahrung kann ich berichten, dass ein solcher Zeitstopp ungeahnt Stress vermeidet. Man weiß genau, wann der Ausstiegszeitpunkt kommt, und kann sich so nicht herausreden, dass sich der Erfolg noch einstellen könnte.

Es muss für Sie ein ungeschriebenes Gesetz werden, diesen Ausstiegszeitpunkt zu beachten. Ein »Ich warte noch, es könnte ja noch besser werden« darf es aus Sicht dieser Analyse nicht geben!

Einzelwerte und Events

Als ich vor über 40 Jahren begann, mich mit der Börse zu beschäftigen, hat noch niemand vom *»Black Friday«* gesprochen. Dieses Konsumevent wird jedes Jahr am Freitag nach Thanksgiving in den Vereinigten Staaten begangen. Der Tag gilt als Auftakt der Weihnachtseinkaufssaison. Zahlreiche Sonderangebote sollen die Käufer, inzwischen nicht nur in den Vereinigten Staaten, in die Geschäfte locken. Dieses Konzept geht auch online auf, was am Beispiel von Amazon zu sehen ist, die immer mehr Werbung für besondere Schnäppchen um diesen Freitag herum schalten.

Wie allgemein bekannt sein dürfte, handelt die Börse meist weniger die Fakten als mehr die Erwartung. Diese alte Börsenweisheit spiegelt sich entsprechend auch in den saisonalen Charts bei dem Event »Black Friday« wider. Drei Aktien aus dem Konsumsektor möchte ich daher an dieser Stelle auf den schwarzen Freitag hin überprüfen.

Amazon-Aktie

Wie so oft bei diesen Charts gibt es auffällige und weniger auffällige Zeiträume.

Ein offensichtlich auffälliger Zeitraum bei Amazon, der die oben gemachte Aussage bestätigt (nämlich, dass die Börse Erwartungen handelt), beginnt acht Tage vor Black Friday und endet einen Tag nach diesem Freitag (vergleiche Abbildung 12.3). In 22 der letzten 27 Phasen vor dem Black Friday konnte Amazon durchschnittlich knapp 10 Prozent erzielen, wenn man acht Tage vor dem Freitag eingestiegen ist und bis einen Tag nach diesem Freitag abgewartet hat. Während der fünf Verlustphasen musste man nur gut 5 Prozent Einbußen verkraften. Die übrigen Zeiträume im ausgewählten Chart sind wenig beachtenswert.

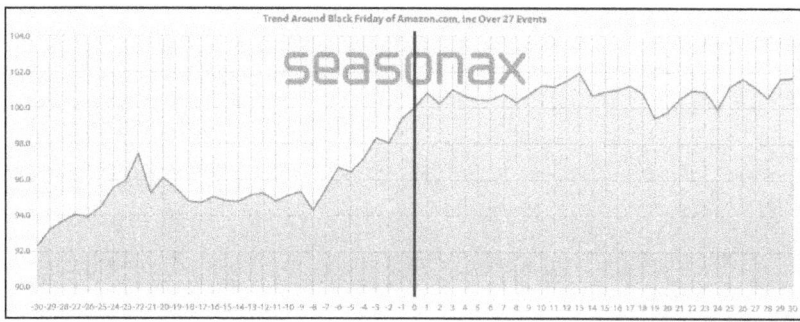

Abbildung 12.3: Amazon vor und nach Black Friday

Walmart-Aktie

Ein Konsumtempel mit besonderer Bekanntheit stellt sicher die Kaufhauskette Walmart dar, die auch in Deutschland schon versucht hatte, Fuß zu fassen, was aber misslang. In den Vereinigten Staaten erfreut sich diese Kette aber weiterhin großer Beliebtheit.

Auch hier zeigt sich im Vorfeld des Black Fridays eine signifikante Anstiegsbewegung (vergleiche Abbildung 12.4).

Diese beginnt 19 Tage zuvor und endet am besagten Freitag. Die Performance fällt mit durchschnittlich 7,7 Prozent nicht ganz so gut aus wie bei Amazon und auch die Trefferquote liegt nur bei 36 zu 16. Trotzdem zeigt sich, dass auch hier für Trader mit einem guten Money-Management einiges zu erreichen ist.

Mattel-Aktie

Weihnachten ist gerade für Kinder, neben dem eigenen Geburtstag, immer wieder das Highlight des Jahres. Wer es sich leisten kann, beschenkt seine Kleinen mit reichlich Spielwaren. Dies ist in den Vereinigten Staaten sicher noch ausgeprägter als hierzulande. Daher drängt sich die Aktie des Spielwarenherstellers Mattel geradezu für eine saisonale Analyse rund um den Black Friday auf.

Ein längerer Zeitraum als bei den bisher beschriebenen Aktien fällt bei Mattel auf (vergleiche Abbildung 12.5). Bereits 27 Tage

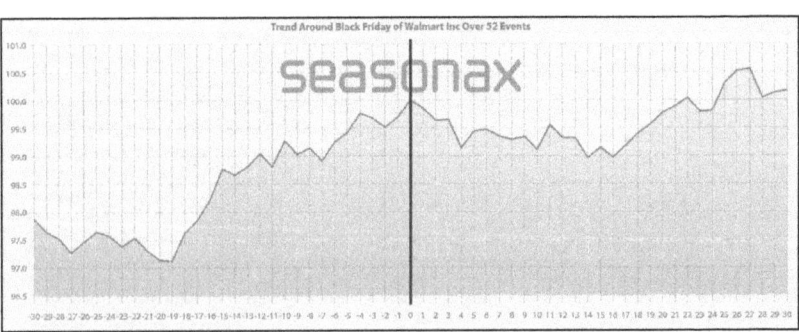

Abbildung 12.4: Walmart vor und nach Black Friday

Einzelwerte und Events 131

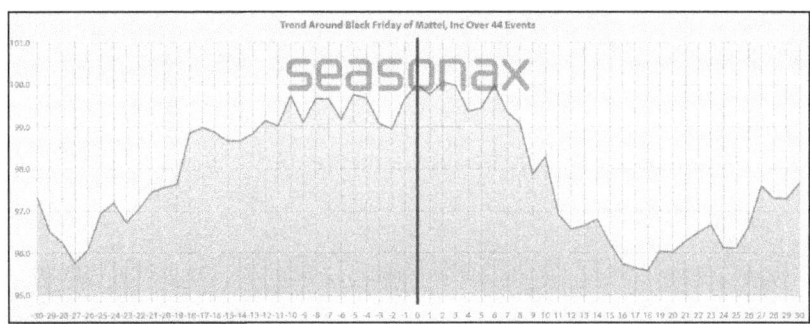

Abbildung 12.5: Mattel vor und nach Black Friday

vor dem Event beginnt der Aufwärtstrend und endet am Tag des Black Fridays. In dieser Zeit performt die Aktie beachtliche 31 Mal positiv und nur 11 Mal negativ. Die beiden Durchschnitte liegen mit etwas mehr als 10 Prozent fast gleichauf (vergleiche Abbildung 12.6). Hier besticht also die Trefferquote und nicht die bessere Performance.

Der Black Friday ist nur ein Event, welches eine besondere Aufmerksamkeit verdient. Dieser Konsumauftakt für Weihnachten ist zudem gut erklärbar, weshalb gewiss der Blick auch auf andere Konsumaktien lohnt. –

Auch wenn ich mich an dieser Stelle erneut wiederholen muss: Das Event des Black Fridays liegt mitten in der Jahresschlussrallye, weshalb auch dies ein Grund für die gute Performance sein kann.

Einzelwerte vor und nach Black Friday	Trefferquote in Jahren für den Zeitraum	durchschnittliche Performance	durchschnittliche Performance in Negativjahren
Amazon 8 Tage vor bis 1 Tag nach	22-5	9,90 %	−5,40 %
Walmart 19 Tage vor bis Black Friday	36-16	7,70 %	−7,00 %
Mattel 27 Tage vor bis 2 Tage nach	31-11	10,80 %	−10,70 %

Abbildung 12.6: Ausgewählte Aktien vor und nach dem Black Friday

132   12 Saisonalitäten bei Einzelwerten

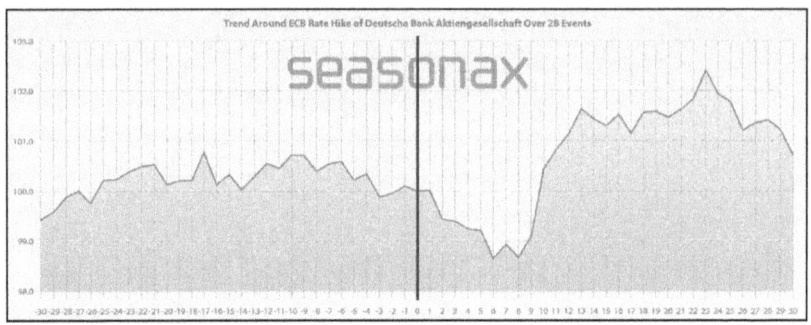

Abbildung 12.7: Deutsche Bank nach einer Zinserhöhung der EZB

Vielleicht ist es aber auch ein wechselseitiger Effekt, nämlich dass die Aktien mit ihrer guten Performance die Märkte treiben.

Notenbanken und Geschäftsbanken

Fallende Zinsen werden für Aktienmärkte im Allgemeinen positiv gesehen. Es gibt aber eine Branche, die sich eher über steigende Zinsen freut, da dann die Margen höher ausfallen. Die Bankenbranche hat vor einigen Jahren besonders unter den Minuszinsen gelitten, die zum Teil erhebliche Verluste in den Bilanzen verursacht haben. Somit ist es interessant, die Entwicklung nach einer Zinserhöhung bei Bankaktien zu analysieren.

Deutsche Bank bei einer Zinserhöhung der EZB

Der langfristige Abwärtstrend der Deutschen Bank darf nicht darüber hinwegtäuschen, dass es auch Zeiten gibt, die von positiver Performance geprägt sind.

Gerade, wenn nach Niedrig- oder Nullzinsphasen die Zinsen wieder angehoben werden, könnten die Anleger hier wieder Mut fassen und solche Aktien im Hinblick auf steigende Margen erwerben. Der Zeitraum acht Tage nach der Zinserhöhung bis

23 Tage danach ist bei der Deutschen Bank mit einer recht erfolgreichen Trefferquote von 22 zu 6 ein aussichtsreicher. Die Performance liegt mit durchschnittlich gut 6 Prozent ebenfalls auf einem akzeptablen Niveau.

Bank of America

Ganz anders sieht es bei einer Zinserhöhung der FED in den Vereinigten Staaten aus.

In Abbildung 12.8 ist auf den ersten Blick zu erkennen, dass bei der Bank of America eine Zinserhöhung der US-Notenbank FED negative Auswirkungen hat. Ab dem Event bis zum 25. Tag nach der Zinserhöhung liegt nicht nur die Trefferquote bei negativen 35 zu 40, sondern auch die Performance bei 5,6 Prozent zu knapp 9 Prozent. Auch wenn sich hier auf den ersten Blick eine Short-Position aufdrängt, sollte man davon absehen, da die Trefferquote fast ausgeglichen ist (vergleiche Abbildung 12.9).

Die unterschiedlichen Auswirkungen in Deutschland und den Vereinigten Staaten sollten Anleger und Trader nicht davon abhalten, bei einer Zinserhöhung einen Blick auf verschiedene Banken zu werfen. Auch Zinssenkungen könnten in der Bankenlandschaft zu wie auch immer gearteten Bewegungen führen.

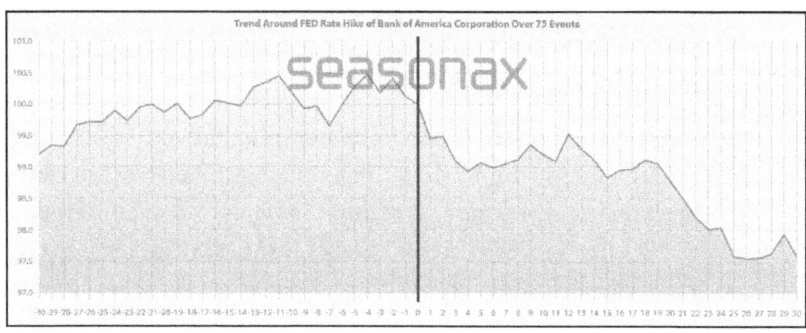

Abbildung 12.8: Bank of America bei Zinserhöhung der Notenbank

Einzelwerte nach Notenbankzinserhöhung	Trefferquote in diesem Zeitraum	durchschnittliche Performance	durchschnittliche Performance in Negativphasen
Deutsche Bank 8 Tage nach bis 23 Tage nach	22-6	6,60 %	−6,00 %
Bank of America Event bis 25 Tage danach	35-40	5,60 %	−8,90 %

Abbildung 12.9: Ausgewählte Aktien nach einer Notenbank-Zinserhöhung

... und wie steht es mit der Strategie?

Ich denke, es passt ganz gut in ein Kapitel, in dem es um Einzelwerte geht, auch über einen möglichen strategischen Ansatz zu sprechen.

Es kommt nicht von ungefähr, dass ich mir genau über dieses Thema Gedanken gemacht habe, während ich dieses Buch schrieb. So war die Frage, die ich mir stellte, folgende: »Es ist ja schön und gut, wenn du jetzt die besten Zeiten für das eine oder andere Investment hast, aber wie kannst du damit auch Gewinn erzielen?«

Bevor ich mit dem Kapitel Einzelwerte begonnen hatte, waren die verschiedenen Events wie Wahlen oder Sportereignisse bereits abgearbeitet. Was ich Ihnen jetzt vorstelle, ist aber exakt auch so bei den Einzelwerten umsetzbar.

Mein Ansatz war folgender:

Ich beginne den ersten Trade mit einem Kapital von 1.000 Euro. Wenn dieser nicht zum Erfolg führt und einen Verlust generiert, dann starte ich erneut mit 1.000 Euro. Da ich durch meine Stoppregel nie alles verlieren werde, ist bei Verlusten immer nur ein kleiner Teil »aufzufüllen«.

Sobald sich der erste Gewinn eingestellt hat, separiere ich von diesem Gewinn die Hälfte. Wenn also 500 Euro gewonnen wurden, werden beim nächsten Trade 1.250 Euro investiert. Sollte nun wieder ein Verlust eintreten, wird das investiert, was übrig ist, also zum Beispiel 1.050 Euro. Sollte die Position unter 1.000 Euro fallen, wird der nächste Trade wieder mit 1.000 Euro begonnen.

In meinem Backtest ist genau das passiert: Die ersten drei Trades sind im Minus gelandet. Trotzdem war es nicht so, dass man sich durch diese paar Trades ruiniert hätte. Auch später kam der eine oder andere Trade nicht zum Zuge. Insgesamt konnte ich im Backtest aber ein hervorragendes Ergebnis erzielen.

Durch die regelmäßige Entnahme hat sich auf der Gewinnseite ein schöner Betrag angesammelt, was das Gesamtrisiko im Laufe der Zeit deutlich reduziert hat. Das Reinvestieren der restlichen Gewinne führte mit der Zeit zu einem ungeahnten Hebeleffekt.

Ich weiß nicht, ob ich im Live-Trading auch so gehandelt hätte oder ob ich im Laufe der Zeit den zurückgelegten Betrag nach und nach erhöht hätte. Sicher hätte ein solches Vorgehen immer noch zu einem hohen erfreulichen Ertrag geführt.

Um den Backtest zu illustrieren, habe ich in Abbildung 12.10 meine Tabelle, die ich erstellt habe, wiedergegeben. Diese habe ich aber bewusst verkleinert und verkürzt. Sie ist wie immer nicht zum Nachhandeln gedacht. Vielleicht finden Sie aber einen Ansatz, der Ihren Gedanken entsprungen ist, und mein Ansatz und meine Tabelle dienen Ihnen als Ideengeber oder Inspiration.

Ein Wort möchte ich noch zum Thema *Stopp-Setzen* verlieren. Es ist nicht leicht, einen sinnvollen Stopp zu setzen, was man in der Literatur auch immer wieder durch unterschiedliche Versuche sehen kann. Ich habe mir die Durchschnittszahlen zu Nutze gemacht. Wenn ich also bei der Saisonalität sehe, dass durchschnittlich ein gewisser Prozentsatz verloren wird, wenn Verlustphasen auftreten, verwende ich diesen, um meinen Stopp zu berechnen und entsprechend zu platzieren.

12 Saisonalitäten bei Einzelwerten

Ereignis		Startpunkt	Endpunkt	L/S	Ergebnis absolut	Ergebnis in Prozent	Investition	Nach Abschluss	Erfolg	Summe Gewinn	Entnahme 1/2 Gewinn	Summe 1/2 Gewinn
US-Wahljahr DAX	1992	1721	1540	l	-181	-11%	1000	894.83	-105.17	-105.17	0.00	
US-Wahljahr DOW	1992	3386	3260	l	-126	-4%	1000	962.79	-37.21	-142.38	0.00	
Olympia-Sommer Dow	1992	3282	3260	l	-22	-1%	1000	993.30	-6.70	-149.09	0.00	
US-Nachwahljahr DOW	1993	3342	3560	l	218	7%	1000	1065.23	65.23	-83.86	32.62	
US-Nachwahljahr DAX	1993	1648	1872	l	224	14%	1000	1135.92	135.92	52.07	67.96	127.65
Bundestag-Vorwahljahre DAX	1993	2038	2266	l	228	11%	1000	1186.37	119.37	171.44	59.68	159.00
Bundestag-Wahljahr DAX	1994	2049	2163	l	114	6%	1067	1189.70	62.70	234.14	31.35	217.29
US-Zwischenwahljahre DAX	1994	2191	2024	s	167	8%	1127	1247.34	88.34	350.72	44.17	173.12
US-Zwischenwahljahre DAX	1994	2024	2071	l	47	2%	1159	1244.24	28.24	262.38	14.12	
US-Vorwahljahr DAX	1995	2084	2199	l	115	6%	1216	1237.73	64.73	415.44	32.36	249.65
US-Vorwahljahr DOW	1995	3834	4668	l	834	22%	1173	1520.69	271.69	687.14	135.85	385.50
Frauen EM DAX	1995	1985	2243	l	258	13%	1249	1565.02	180.02	867.15	90.01	475.50
Frauen WM DAX	1995	1939	2199	l	260	13%	1385	1672.78	197.78	1064.93	98.89	574.40
Frauen WM DAX	1995	2199	2205	s	-6	0%	1475	1569.71	-4.29	1060.64	0.00	574.40
Frauen WM DAX	1995	2205	2253	l	48	2%	1574	1605.20	34.20	1094.84	17.10	591.49
Bundestag-Zwischenwahljahr DAX	1996	2271	2550	l	279	12%	1571	1787.58	195.58	1290.42	97.79	689.29
US-Wahljahr DAX	1996	2430	2548	l	118	5%	1690	1772.07	82.07	1372.49	41.03	730.32

Abbildung 12.10: Auszug meines Backtests mit verschiedenen Events

... und wie steht es mit der Strategie? 137

Ereignis		Startpunkt	Endpunkt	L/S	Ergebnis absolut	Ergebnis in Prozent	Investition	Nach Abschluss	Erfolg	Summe Gewinn	Entnahme 1/2 Gewinn	Summe 1/2 Gewinn
US-Wahljahr DOW	1996	5762	5733	l	-29	-1%	1731	1722.29	-8.71	1363.77	0.00	730.32
Olympia-Sommer Dow	1996	5682	5733	l	51	1%	1723	1738.47	15.47	1379.24	7.73	738.05
Bundestag-Zwischenwahljahr DAX	1996	2698	2909	l	211	8%	1739	1875.00	136.00	1515.24	68.00	806.05
US-Nachwahljahr DOW	1997	6931	8198	l	1267	18%	1807	2137.32	330.32	1845.56	165.16	971.21
US-Nachwahljahr DAX	1997	3180	4342	l	1162	37%	1972	2692.59	720.59	2566.15	360.29	1331.51
Frauen EM DAX	1997	3313	4428	l	1115	34%	2332	3116.84	784.84	3350.99	392.42	1723.93
Bundestag-Vorwahljahre DAX	1997	3645	4224	l	579	16%	2725	3157.86	432.86	3783.85	216.43	1940.36
Bundestag-Wahljahr DAX	1998	4208	5688	l	1480	35%	2941	3975.38	1034.38	4818.23	517.19	2457.55
US-Zwischenwahljahre DAX	1998	5419	3983	S	1436	26%	3458	4374.35	916.35	5734.58	458.17	2915.72
US-Zwischenwahljahre DAX	1998	3983	4787	l	804	20%	3917	4707.68	790.68	6525.26	395.34	3311.06
US-Vorwahljahr DAX	1999	4991	5624	l	633	13%	4312	4858.88	546.88	7072.14	273.44	3584.50
US-Vorwahljahr DOW	1999	9181	10969	l	1788	19%	4585	5477.93	892.93	7965.07	446.46	4030.97
Frauen WM DAX	1999	4790	5619	l	829	17%	5032	5902.88	870.88	8835.95	435.44	4466.41
Frauen WM DAX	1999	5619	5218	S	401	7%	5467	5857.15	390.15	9226.11	195.08	4661.48
Frauen WM DAX	1999	5218	5958	l	740	14%	5662	6464.97	802.97	10029.07	401.48	5062.97
Bundestag-Zwischenwahljahr DAX	2000	6961	7321	l	360	5%	6064	6377.61	313.61	10342.68	156.81	5219.77
US-Wahljahr DAX	2000	7695	7373	l	-322	-4%	6221	5960.68	-260.32	10082.36	0.00	5219.77
US-Wahljahr DOW	2000	10529	11220	l	691	7%	5961	6352.21	391.21	10473.57	195.61	5415.38

12 Saisonalitäten bei Einzelwerten

Ereignis		Startpunkt	Endpunkt	L/S	Ergebnis absolut	Ergebnis in Prozent	Investition	Nach Abschluss	Erfolg	Summe Gewinn	Entnahme 1/2 Gewinn	Summe 1/2 Gewinn
Olympia-Sommer Dow	2000	10541	11259	l	718	7%	6416	6853.03	437.03	10910.60	218.51	5633.89
Bundestag-Zwischenwahljahr DAX	2000	6819	6637	l	-182	-3%	6635	6457.91	-177.09	10733.51	0.00	5633.89
US-Nachwahljahr DOW	2001	10529	10551	l	22	0%	6280	6293.12	13.12	10746.63	6.56	5640.45
US-Nachwahljahr DAX	2001	6079	5614	l	-465	-8%	6641	6133.01	-507.99	10238.64	0.00	5640.45
Frauen EM DAX	2001	5599	5752	l	153	3%	6134	6301.62	167.62	10406.26	83.81	5724.26
Bundestag-Vorwahljahre DAX	2001	4660	5160	l	500	11%	6725	7446.57	721.57	11127.83	360.78	6085.04
Bundestag-Wahljahr DAX	2002	5069	4624	l	-445	-9%	7086	6463.93	-622.07	10505.76	0.00	6085.04
US-Zwischenwahljahre DAX	2002	5285	2597	S	2688	51%	6464	9751.65	3287.65	13793.41	1643.83	7728.87
US-Zwischenwahljahre DAX	2002	2597	3280	l	683	26%	8730	11025.95	2295.95	16089.36	1147.98	8876.85
US-Vorwahljahr DAX	2003	2898	3387	l	489	17%	9878	11544.78	1666.78	17756.15	833.39	9710.24
US-Vorwahljahr DOW	2003	8342	9158	l	816	10%	10711	11758.73	1047.73	18803.88	523.87	10234.10
Frauen WM DAX	2003	2580	3387	l	807	31%	11235	14749.20	3514.20	22318.08	1757.10	11991.21
Frauen WM DAX	2003	3387	3276	S	111	3%	12992	13417.78	425.78	22743.86	212.89	12204.10
Frauen WM DAX	2003	3276	3965	l	689	21%	13205	15982.24	2777.24	25521.10	1388.62	13592.72
US-Wahljahr DAX	2004	3908	3889	l	-19	0%	14594	14523.05	-70.95	25450.15	0.00	13592.72
US-Wahljahr DOW	2004	9958	10310	l	352	4%	14524	15037.40	513.40	25963.55	256.70	13849.42
Olympia-Sommer Dow	2004	10377	10342	l	-35	0%	14850	14799.91	-50.09	25913.46	0.00	13849.42
Bundestag-Vorwahljahre DAX	2004	3959	4256	l	297	8%	14800	15910.28	1110.28	27023.74	555.14	14404.56

... und wie steht es mit der Strategie?

Ereignis		Startpunkt	Endpunkt	L/S	Ergebnis absolut	Ergebnis in Prozent	Investition	Nach Abschluss	Erfolg	Summe Gewinn	Entnahme 1/2 Gewinn	Summe 1/2 Gewinn
Bundestag-Wahljahr DAX	2005	4195	4497	I	302	7%	15405	16514.01	1109.01	28132.76	554.51	14959.06
US-Nachwahljahr DOW	2005	10609	10683	I	74	1%	15960	16071.32	111.32	28244.08	55.66	15014.73
US-Nachwahljahr DAX	2005	4304	4837	I	533	12%	16016	17999.39	1983.39	30227.48	991.70	16006.42
Frauen EM DAX	2005	4301	4909	I	608	14%	17007	19411.15	2404.15	32631.63	1202.08	17208.50
US-Zwischenwahljahre DAX	2006	6070	6084	S	−14	0%	18209	18167.00	−42.00	32589.63	0.00	17208.50
US-Zwischenwahljahre DAX	2006	6084	6295	I	211	3%	18167	18797.05	630.05	33219.68	315.03	17523.52
Bundestag-Zwischenwahljahre DAX	2007	6614	8105	I	1491	23%	18524	22699.88	4175.88	37395.56	2087.94	19611.47
US-Vorwahljahr DAX	2007	6614	8105	I	1491	23%	20612	25258.58	4646.58	42042.14	2323.29	21934.76
US-Vorwahljahr DOW	2007	12459	13943	I	1484	12%	22936	25667.92	2731.92	44774.07	1365.96	23300.72
Frauen WM DAX	2007	6830	8105	I	1275	19%	24302	28838.61	4536.61	49310.68	2268.31	25569.02
Frauen WM DAX	2007	8105	7946	S	159	2%	26570	27091.24	521.24	49831.92	260.62	25829.64
Frauen WM DAX	2007	7946	8067	I	121	2%	26830	27238.56	408.56	50240.48	204.28	26033.92
Bundestag-Zwischenwahljahre DAX	2007	7954	7944	I	−10	0%	27035	27001.01	−33.99	50206.49	0.00	26033.92
US-Wahljahr DAX	2008	6500	6263	I	−237	−4%	27002	26017.47	−984.53	49221.95	0.00	26033.92
US-Wahljahr DOW	2008	12479	11510	I	−969	−8%	26018	23997.69	−2020.31	47201.64	0.00	26094.69
Olympia-Sommer Dow	2008	11452	11510	I	58	1%	23998	24119.54	121.54	47323.18	60.77	26094.69
Bundestag-Vorwahljahre DAX	2008	4823	4810	I	−13	0%	27095	27021.97	−73.03	47250.15	0.00	26094.69

12 Saisonalitäten bei Einzelwerten

Ereignis		Startpunkt	Endpunkt	L/S	Ergebnis absolut	Ergebnis in Prozent	Investition	Nach Abschluss	Erfolg	Summe Gewinn	Entnahme 1/2 Gewinn	Summe 1/2 Gewinn
Bundestag-Wahljahr DAX	2009	4313	5077	–	764	18%	27022	31808.65	4786.65	52036.80	2393.32	28488.02
US-Nachwahljahr DOW	2009	7365	9286	–	1921	26%	29489	37180.56	7691.56	59728.36	3845.78	32333.80
US-Nachwahljahr DAX	2009	3922	5418	–	1496	38%	33335	46050.24	12715.24	72443.60	6357.62	38691.42
Frauen EM DAX	2009	4109	5458	–	1349	33%	39692	52723.03	13031.03	85474.63	6515.52	45206.93
US-Zwischenwahljahre DAX	2010	6280	6309	S	-29	0%	46208	45994.62	-213.38	85261.25	0.00	45206.93
US-Zwischenwahljahre DAX	2010	6309	6947	–	638	10%	45995	50646.26	4651.26	89912.51	2325.63	47532.56
Bundestag-Zwischenwahljahr DAX	2011	6973	7214	–	241	3%	48533	50210.39	1677.39	91589.90	838.70	48371.26
US-Vorwahljahr DAX	2011	6973	7107	–	134	2%	49372	50320.78	948.78	92538.69	474.39	48845.65
US-Vorwahljahr DOW	2011	11577	12681	–	1104	10%	49846	54599.39	4753.39	97292.07	2376.69	51222.34
Frauen WM DAX	2011	6931	7220	–	289	4%	52223	54400.53	2177.53	99469.60	1088.76	52311.11
Frauen WM DAX	2011	7220	5376	S	1844	26%	53312	66927.97	13615.97	113085.58	6807.99	59119.10
Frauen WM DAX	2011	5376	5898	–	522	10%	60120	65957.54	5837.54	118923.12	2918.77	62037.87
Bundestag-Zwischenwahljahr DAX	2011	5341	5785	–	444	8%	63039	68279.46	5240.46	124163.58	2620.23	64658.10
US-Wahljahr DAX	2012	7028	7214	–	186	3%	64659	66370.24	1711.24	125874.82	855.62	65513.72
US-Wahljahr DOW	2012	12530	13254	–	724	6%	66515	70358.32	3843.32	129718.15	1921.66	67435.38
Olympia-Sommer Dow	2012	12532	13306	–	774	6%	68436	72662.74	4226.74	133944.88	2113.37	69548.75
Bundestag-Vorwahljahr DAX	2012	6346	5898	–	-448	-7%	70550	65569.48	-4980.52	128964.36	0.00	69548.75

... und wie steht es mit der Strategie?

Ereignis		Startpunkt	Endpunkt	L/S	Ergebnis absolut	Ergebnis in Prozent	Investition	Nach Abschluss	Erfolg	Summe Gewinn	Entnahme 1/2 Gewinn	Summe 1/2 Gewinn
Bundestag-Wahljahr DAX	2013	7741	8196	l	455	6%	65570	69424.07	3854.07	132818.43	1927.03	71475.78
US-Nachwahljahr DOW	2013	14000	15658	l	1658	12%	72447	81026.79	8579.79	141398.22	4289.90	75765.68
US-Nachwahljahr DAX	2013	7731	8318	l	587	8%	76766	82594.70	5828.70	147226.92	2914.35	78680.03
Frauen EM DAX	2013	7917	8260	l	343	4%	79681	83133.14	3452.14	150679.06	1726.07	80406.10
US-Zwischenwahljahre DAX	2014	9455	9005	S	450	5%	81407	85281.47	3874.47	154553.53	1937.24	82343.33
US-Zwischenwahljahr DAX	2014	9005	9971	l	966	11%	83344	92284.62	8940.62	163494.15	4470.31	86813.65
Bundestag-Zwischenwahljahr DAX	2015	9869	11516	l	1647	17%	87814	102468.95	14654.95	178149.10	7327.47	94141.12
US-Vorwahljahr DAX	2015	9869	11716	l	1847	19%	95142	112947.99	17805.99	195955.08	8902.99	103044.11
US-Vorwahljahr DOW	2015	17823	17851	l	28	0%	104045	104208.46	163.46	196118.54	81.73	103125.84
Frauen WM DAX	2015	11927	11673	l	-254	-2%	104127	101909.49	-2217.51	193901.03	0.00	103125.84
Frauen WM DAX	2015	11673	9553	S	2120	18%	101910	120418.46	18508.46	212409.48	9254.23	112380.07
Frauen WM DAX	2015	9553	10743	l	1190	12%	113381	127504.67	14123.67	226533.15	7061.83	119441.90
Bundestag-Zwischenwahljahr DAX	2015	9691	10886	l	1195	12%	120443	135294.86	14851.86	241385.01	7425.93	126867.83
US-Wahljahr DAX	2016	9948	10752	l	804	8%	127869	138203.41	10334.41	251719.42	5167.20	132035.03
US-Wahljahr DOW	2016	17735	18479	l	744	4%	133036	138616.99	5580.99	257300.40	2790.49	134825.53
Olympia-Sommer Dow	2016	17355	18526	l	1171	7%	135826	144990.64	9164.64	266465.04	4582.32	139407.84
Bundestag-Vorwahljahre DAX	2016	10696	11481	l	785	7%	140409	150713.89	10304.89	276769.93	5152.44	144560.29

12 Saisonalitäten bei Einzelwerten

Ereignis		Startpunkt	Endpunkt	L/S	Ergebnis absolut	Ergebnis in Prozent	Investition	Nach Abschluss	Erfolg	Summe Gewinn	Entnahme 1/2 Gewinn	Summe 1/2 Gewinn
Bundestag-Wahljahr DAX	2017	11545	12690	l	1145	10%	145561	159997.32	14436.32	291206.25	7218.16	151778.45
US-Nachwahljahr DOW	2017	20817	22016	l	1199	6%	152779	161578.64	8799.64	300005.88	4399.82	156178.27
US-Nachwahljahr DAX	2017	11920	12292	l	372	3%	157179	162084.25	4905.25	304911.13	2452.63	158630.89
Frauen EM DAX	2017	11870	12257	l	387	3%	158632	163803.91	5171.91	310083.05	2585.96	161216.85
US-Zwischenwahljahre DAX	2018	12538	11977	S	561	4%	162218	169476.28	7258.28	317341.32	3629.14	164845.99
US-Zwischenwahljahre DAX	2018	11977	11465	l	-512	-4%	165847	158757.27	-7089.73	310251.60	0.00	164845.99
Bundestag-Zwischenwahljahre DAX	2019	10477	12387	l	1910	18%	158758	187700.23	28942.23	339193.83	14471.12	179317.10
US-Vorwahljahr DAX	2019	10477	12430	l	1953	19%	180318	213930.78	33612.78	372806.61	16806.39	196123.49
US-Vorwahljahr DOW	2019	23058	27171	l	4113	18%	196124	231107.87	34983.87	407790.47	17491.93	213615.43
Frauen WM DAX	2019	11422	12430	l	1008	9%	214616	233556.02	18940.02	426730.50	9470.01	223085.44
Frauen WM DAX	2019	12430	11925	S	505	4%	224086	233190.06	9104.06	435834.55	4552.03	227637.46
Frauen WM DAX	2019	11925	13249	l	1324	11%	228638	254023.05	25385.05	461219.60	12692.52	240329.99
Bundestag-Zwischenwahljahre DAX	2019	12008	13054	l	1046	9%	241331	262353.00	21022.00	482241.61	10511.00	250840.99
US-Wahljahr DAX	2020	8728	13100	l	4372	50%	250842	376492.92	125650.92	607892.53	62825.46	313666.45
US-Wahljahr DOW	2020	24781	27500	l	2719	11%	313667	348082.91	34415.91	642308.43	17207.95	330874.40
Bundestag-Vorwahljahre DAX	2020	11560	13718	l	2158	19%	331875	393828.83	61953.83	704262.26	30976.91	361851.32
Bundestag-Wahljahr DAX	2021	13858	15677	l	1819	13%	362852	410479.93	47627.93	751890.19	23813.96	385665.28

... und wie steht es mit der Strategie?

Ereignis		Startpunkt	Endpunkt	L/S	Ergebnis absolut	Ergebnis in Prozent	Investition	Nach Abschluss	Erfolg	Summe Gewinn	Entnahme 1/2 Gewinn	Summe 1/2 Gewinn
US-Nachwahljahr DOW	2021	31501	34838	l	3337	11%	385666	426520.81	40854.81	792745.00	20427.41	406092.69
US-Nachwahljahr DAX	2021	13855	15745	l	1890	14%	406093	461489.30	55396.30	848141.30	27698.15	433790.84
Olympia-Sommer Dow	2021	34428	35100	l	672	2%	434792	443278.70	8486.70	856628.00	4243.35	438034.19
Frauen EM DAX	2022	14365	13687	l	-678	-5%	439035	418313.40	-20721.60	835906.41	0.00	438034.19
US-Zwischenwahljahre DAX	2022	14376	12272	S	2104	15%	418314	479536.36	61222.36	897128.77	30611.18	468645.37
US-Zwischenwahljahre DAX	2022	12272	14447	l	2175	18%	469646	552882.64	83236.64	980365.41	41618.32	510263.69
Bundestag-Zwischenwahljahr DAX	2023	13992	16105	l	2113	15%	511264	588472.46	77208.46	1057573.87	38604.23	548867.92
US-Vorwahljahr DAX	2023	13992	16068	l	2076	15%	548869	630304.97	81435.97	1139009.84	40717.98	589585.91
US-Vorwahljahr DOW	2023	33148	35411	l	2263	7%	589587	629837.86	40250.86	1179260.69	20125.43	609711.33
Frauen WM DAX	2023	15255	16068	l	813	5%	610712	643259.29	32547.29	1211807.98	16273.64	625984.98
Frauen WM DAX	2023	16068	15247	S	821	5%	625986	657970.97	31984.97	1243792.95	15992.49	641977.46
Frauen WM DAX	2023	15247	16751	l	1504	10%	641978	705304.22	63326.22	1307119.17	31663.11	673640.57
Bundestag-Zwischenwahljahr DAX	2023	15113	16533	l	1420	9%	674641	738029.49	63388.49	1370507.66	31694.24	705334.82

Wenn also zum Beispiel bei den Vorwahljahren zum US-Präsidenten in den negativen Jahren ein durchschnittliches Minus von 8,5 Prozent im ausgewählten Zeitraum angezeigt wird, werde ich genau diese 8,5 Prozent vom Einstiegspreis subtrahieren und dort meinen Stopp platzieren. So habe ich auch hier eine stressfreie Größe festgelegt, die mir durch die Statistik vorgegeben wurde. Auch wenn ich über die Technische Analyse nach Unterstützungszonen für Stopps suche, ist mir der bequeme Weg über die Statistik ebenso lieb.

Genau wie der Zeitstopp, der sich aus dem eingegrenzten Zeitraum ergibt, wird auch hier der Stopp von der Statistik definiert. Somit hat man eine seriöse Strategie, ohne sich mit langer Analyse beschäftigen zu müssen.

Wäre man gemäß diesem Test mit den ersten 1.000 Euro 1992 eingestiegen und hätte alle Events gehandelt, die ich mir herausgesucht habe (eliminiert wurden von mir alle Events, die keine bedeutende Signifikanz aufweisen konnten), hätte man nach der oben beschriebenen Vorgehensweise bereits im Jahr 1998 mehr als eine Versechsfachung des eingesetzten Kapitals erreicht.

Durch die beschriebene Reinvestition des halben Gewinns war bereits ein Jahr später eine Verzehnfachung zu erreichen. 2005 waren aus den ursprünglich 1.000 Euro bereits 30 000 Euro geworden. 2023 durfte man sich dann Millionär nennen.

Natürlich handelt es sich hier nur um einen Backtest. Es ist klar, dass man kaum ein Produkt findet, in das man einfach mal so eine Million investieren kann, ohne dass der Marketmaker ein Problem bekommt. Er wird voraussichtlich Ihre Order ablehnen. Hier geht es auch nicht darum, falsche Versprechen zu generieren, die nachher am Markt nicht umsetzbar sind. Vielmehr sollte mit diesem Backtest aufgezeigt werden, was möglich ist, wenn man eine solche Strategie, soweit es möglich ist, konsequent umsetzt.

13 Saisonalitäten im Intraday-Handel

Es ist sicher jedem Anleger, Investor oder auch Trader eigen, dass man irgendwann auch im Intraday-Handel unterwegs sein möchte. Schließlich ist man mit seinem Ansatz so erfolgreich an der Börse, dass es doch nicht so schwer sein kann, auch im Intraday-Handel erfolgreich zu sein. Grundsätzlich ist diese Überlegung auch nicht falsch. Ein Grundsatz der Technischen Analyse lautet nicht umsonst, dass diese Analysemethode auf allen Zeitebenen angewendet werden kann. Leider vergisst man dabei aber häufig, dass man als Privatperson im Intraday-Handel nicht nur gegen absolute Profis antritt, sondern auch gegen Maschinen, die genau darauf ausgelegt sind, Preisunterschiede in Bruchteilen von Sekunden auszunutzen.

Trotzdem habe ich eine Zeitlang einen Ansatz verfolgt, der überaus erfolgreich war, aber auch ausgesprochen zeitintensiv. Diesen Ansatz möchte ich hier beschreiben, betone aber wie immer, dass es *mein* Ansatz war und dieser nicht zum Nachhandeln geeignet ist.

Im Intraday-Geschäft erfolgreich sein

Bevor ich Ihre mögliche Frage beantworte, warum ich mich bei Intraday-Daten nicht des bisher benutzen Programms bediene, muss ich Sie um Geduld bitten. Auf Nachfrage wurde mir mitgeteilt, dass eine Freischaltung für Intraday-Daten auf dieser Plattform noch einige Zeit dauern wird. Sollten Sie allerdings über einen Bloomberg- oder Reuters-Terminal verfügen, sind solche Intraday-Analysen bereits jetzt möglich.

Ich habe mir die Arbeit gemacht, mir dies mit einer Excel-Datei mit viel Aufwand zu ermöglichen. Mir war dabei bewusst, dass ich hier viele Unschärfen haben würde und nicht die Qualität erzielen könnte wie mit einem dafür speziell entwickelten Programm.

Für meine Zwecke hat es aber zunächst ausgereicht. Mein Ansatz war, dass ich über das Gold (wird in Kapitel 15 noch näher beschrieben) erkannt habe, dass es eine immer wiederkehrende Bewegung gibt. Allerdings ist mir auch aufgefallen, dass diese Bewegung nicht starr ist, sondern sich im Laufe der Zeit verschiebt. Ich habe das »Phasenverschiebung« genannt und mich entsprechend darauf eingestellt. Mein besonderes Interesse zog sich dann auf das Währungspaar Euro/US-Dollar. Ich habe festgestellt, dass sich im Tagesverlauf immer signifikante Spitzen nach oben oder nach unten gebildet haben. Diese Spitzen wollte ich ausnutzen, um Trading-Erfolge zu erzielen.

Das Wissen um die Verschiebung hat mich dann dazu gebracht, dass ich diese auch berücksichtigen wollte, was mir sehr gut gelungen ist.

Zunächst habe ich mir aber den übergeordneten Trend des Währungspaares angesehen. Dazu habe ich den klassischen Saisonalitäten-Chart herangezogen (vergleiche Abbildung 13.1).

In diesem Chart habe ich zunächst die übergeordneten Trends gesucht und definiert. Anhand dieser habe ich festgelegt, in welchem Zeitraum ich überhaupt eine Long- oder eine Short-Position eingehen würde. Da es sich ja um ein Intraday-Handelssystem handelte, genügte mir für den übergeordneten Trend der überschaubare Zeitraum von fünf Jahren. Schließlich wollte ich die

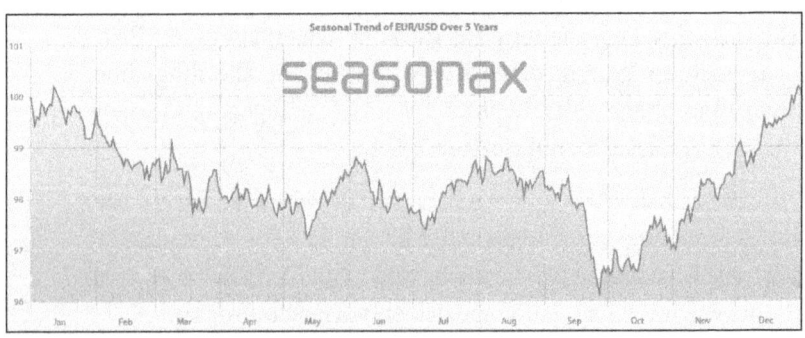

Abbildung 13.1: Klassischer Saisonalitäten-Chart fünf Jahre EURO/USD

sehr kurzfristigen Trends auswerten und die Verschiebung berücksichtigen. So habe ich also zum Beispiel den Zeitraum von Mitte Mai bis Anfang Juni lediglich für Long-Positionen genutzt und den Zeitraum von Ende August bis Ende September ausschließlich für Short-Positionen.

Mit dieser ersten Festlegung habe ich entsprechend die Handelsmöglichkeiten um die Hälfte eingeschränkt, aber auch eine Vorsortierung vorgenommen. So musste ich in den Intraday-Saisonal-Charts nur noch nach den dem übergeordneten Trend entsprechenden Signalen suchen.

Nun kam die eigentliche Arbeit, nämlich das Einpflegen von Intraday-Daten in eine Excel-Tabelle. Für die Darstellung und Berechnung hat mir wie immer mein Freund geholfen, der Anwendungsprogrammierer ist. Um das händische Erfassen kam ich gleichwohl nicht herum, was mich Abend für Abend einige Stunden gekostet hat. Aus diesen Rohdaten habe ich mir dann zwei weitere Charts kreiert. Einen, der die letzten drei Monate angezeigt hat (vergleiche Abbildung 13.2), und einen, der nur noch den letzten Monat zeigte (vergleiche Abbildung 13.3). Da ich die Daten jeden Tag erfasst habe, haben sich diese beiden Charts natürlich auch täglich verändert.

Diese verständlicherweise inzwischen veralteten Charts haben mir täglich gezeigt, zu welchen Uhrzeiten sich in den vergangenen Monaten Spitzen gebildet haben. Im Dreimonatschart fallen hier zwei besondere Ausprägungen auf: zum einen um kurz vor 9 Uhr und zum anderen um circa 18 Uhr. Somit hat sich hier schon herauskristallisiert, dass eine Short-Position, wenn sie vom Einmonatschart bestätigt werden würde, vor allen Dingen im September opportun werden würde. Für die Long-Position, die circa 18 Uhr auf dem Dreimonatschart angezeigt wird, böte sich der Mai an.

Der Einmonatschart (Abbildung 13.3) zeigt auf den ersten Blick zwar ein ähnliches Bild wie der Dreimonatschart, kann aber die Spitzen im oberen Chart nicht exakt nachbilden. Um 9 Uhr bildet sich zwar eine Spitze aus, die auch gehandelt werden könnte,

148 13 Saisonalitäten im Intraday-Handel

Abbildung 13.2: Euro/US-Dollar in den letzten drei Monaten

Abbildung 13.3: EURO/US-Dollar letzter Monat

allerdings ist diese Ausprägung nicht besonders signifikant und der anschließende Abwärtstrend hält auch nur sehr kurze Zeit an. Ebenso kann zwar um 18 Uhr eine kleine Spitze beobachtet werden, für eine Long-Position ist diese aber ebenfalls nicht ausgeprägt genug.

Diese Situation könnte sich aber in wenigen Tagen wieder verändert haben, da ja immer die ältesten Daten von vor einem oder drei Monaten wegfallen und die neuesten den Chart entsprechend verändern.

Da mir die Ergebnisse anfangs noch nicht uneingeschränkt gefallen haben, habe ich zusätzlich an den Wendepunkten nach meiner »Lieblingsumkehrformation« aus der Technischen Analyse gesucht. So waren Hammer (unten) oder Shooting-Stars (oben) besondere Hilfsformationen, die die Trefferquote erheblich erhöht haben. Ein weiterer Ansatz hat zwar die mentale Sicherheit erhöht, aber keine signifikante Verbesserung der Ergebnisse gebracht.

Die Frage nach dem *Ausstieg* muss natürlich auch gestellt werden. Ich habe mich hier wieder der klassischen Technischen Analyse bedient. Zwei Ansätze haben mir dabei besonders geholfen. Der eine Ansatz lautete ganz banal, wenn die Bewegung sehr schnell und parabolisch erfolgt, habe ich die Position nach wenigen Minuten geschlossen. Der andere Ansatz war eine Durchschnittslinie (in meinem Fall die 21er-Linie), die erreicht werden musste, um auszusteigen.

Der Vollständigkeit halber sei noch erwähnt, dass ich die Daten ebenso auf Fünf-Minuten-Basis erfasst habe, wie ich den Handelschart auf fünf Minuten eingestellt habe.

Interessant war für mich auch, dass dieser Ansatz mit anderen Währungspaaren oder Indizes ebenso funktioniert hat. Der tägliche Aufwand war mir aber irgendwann zu stressig, weshalb dieser Ansatz jetzt auf Eis liegt, möglicherweise aber irgendwann wieder reaktiviert wird.

Die Tabelle in Abbildung 13.4 zeigt, dass nicht jeder Trade erfolgreich gewesen ist, die positiven Ergebnisse aber überwiegen.

	Datum	Uhrzeit		Uhrzeit	Open	Close	Ergebnis	Ergebnis
EURO/USD	5/28/2018	08:11:19	s	14:51:23	1.172	1.1613	0.0107	0.0107
EURO/USD	5/29/2018	08:20:46	s	11:57:47	1.1619	1.1542	0.0077	0.0077
EURO/USD	5/31/2018	10:41:51	s	11:22:50	1.1711	1.1708	0.0003	0.0003
EURO/USD	6/1/2018	09:43:19	s	12:00:25	1.1695	1.1708	-0.0013	
EURO/USD	6/1/2018	15:13:08	s	16:15:13	1.1677	1.1642	0.0035	0.0022
EURO/USD	6/4/2018	08:15:45	s	09:18:29	1.1685	1.1698	-0.0013	-0.0013
EURO/USD	6/8/2018	08:12:17	s	14:57:29	1.1796	1.1745	0.0051	0.0051
EURO/USD	6/11/2018	09:50:40	s	11:46:22	1.181	1.1787	0.0023	0.0023
EURO/USD	6/12/2018	08:05:31	s	13:35:31	1.1767	1.178	-0.0013	
EURO/USD	6/12/2018	09:48:45	s	13:35:31	1.1793	1.178	0.0013	
EURO/USD	6/12/2018	10:25:27	s	13:35:31	1.1799	1.178	0.0019	0.0019
EURO/USD	6/13/2018	08:13:26	s	14:56:33	1.1742	1.1775	-0.0033	
EURO/USD	6/13/2018	12:42:23	s	14:56:33	1.1765	1.1775	-0.001	-0.0043
EURO/USD	6/14/2018	09:10:14	s	13:46:49	1.1814	1.1805	0.0009	
EURO/USD	6/14/2018	10:22:27	s	13:46:49	1.1816	1.1805	0.0011	
EURO/USD	6/14/2018	13:46:02	s	13:46:49	1.1846	1.1805	0.0041	0.0061
EURO/USD	6/15/2018	10:23:29	s	12:20:47	1.1596	1.1593	0.0003	
EURO/USD	6/15/2018	11:31:57	s	12:20:47	1.1605	1.1593	0.0012	0.0015
EURO/USD	6/18/2018	11:33:39	s	14:57:48	1.1603	1.1606	-0.0003	
EURO/USD	6/18/2018	12:47:03	s	14:57:48	1.1615	1.1606	0.0009	0.0006

Abbildung 13.4: Erfolgsübersicht des Intraday Euro/US-Dollar-Trades.

Im Intraday-Geschäft erfolgreich sein

	Datum	Uhrzeit		Open	Uhrzeit	Close	Ergebnis	Ergebnis
EURO/USD	6/19/2018	08:40:02	s	1.1594	11:22:52	1.1536	0.0058	0.0058
EURO/USD	6/20/2018	08:37:24	s	1.1574	13:37:48	1.157	0.0004	
EURO/USD	6/20/2018	09:54:57	s	1.158	13:37:48	1.157	0.001	0.0014
EURO/USD	6/28/2018	11:32:44	s	1.156	13:55:15	1.1584	-0.0024	
EURO/USD	6/28/2018	12:02:49	s	1.1572	13:55:15	1.1584	-0.0012	
EURO/USD	6/28/2018	12:50:01	s	1.1589	13:55:15	1.1584	0.0005	-0.0031
EURO/USD	6/29/2018	08:03:04	s	1.164	14:41:10	1.1661	-0.0021	
EURO/USD	6/29/2018	11:05:54	s	1.1658	14:41:10	1.1661	-0.0003	-0.0024
EURO/USD	7/2/2018	08:15:52	s	1.1641	13:59:41	1.163	0.0011	0.0011
EURO/USD	7/3/2018	08:45:11	s	1.1641	13:16:14	1.165	-0.0009	
EURO/USD	7/3/2018	10:13:45	s	1.1667	13:16:14	1.165	0.0017	0.0008
EURO/USD	7/5/2018	08:59:40	s	1.1697	10:54:20	1.1691	0.0006	0.0006
EURO/USD	7/13/2018	08:03:16	s	1.1657	09:30:26	1.1633	0.0024	0.0024
EURO/USD	7/16/2018	08:06:52	s	1.1701	09:27:47	1.1689	0.0012	0.0012
EURO/USD	7/20/2018	08:10:07	s	1.1666	10:52:02	1.165	0.0016	0.0016
EURO/USD	7/25/2018	08:14:53	s	1.16843	10:06:23	1.16839	0.00004	
EURO/USD	7/25/2018	09:01:20	s	1.1695	10:06:23	1.16839	0.00111	0.00115
EURO/USD	11/5/2018	07:30:30	s	1.13915	08:56:58	1.1388	0.00035	
EURO/USD	11/5/2018	16:50:44	s	1.13949	19:04:17	1.13967	-0.00018	0.00017
EURO/USD	11/6/2018	10:06:47	s	1.14176	10:44:09	1.14055	0.00121	0.00121
EURO/USD	11/19/2018	09:54:33	s	1.14207	10:13:33	1.14187	0.00020	0.00020

13 Saisonalitäten im Intraday-Handel

	Datum	Uhrzeit		Uhrzeit	Open	Uhrzeit	Close	Ergebnis	Ergebnis
EURO/USD	11/23/2018	14:41:34	–		1.13485	14:55:42	1.13513	0.00028	0.00028
EURO/USD	2/12/2019	07:30:17	s		1.12793	08:07:43	1.12877	-0.00084	-0.00084
EURO/USD	2/12/2019	08:06:46			1.12816	08:07:43	1.12877	-0.00061	-0.00061
EURO/USD	2/12/2019	13:52:57	s		1.12887	14:59:50	1.12968	-0.00081	-0.00081
EURO/USD	2/12/2019	14:25:39			1.12917	14:59:50	1.12968	-0.00051	-0.00051
EURO/USD	2/12/2019	17:32:22	s		1.13126	19:07:50	1.13266	-0.00140	-0.00140
EURO/USD	2/12/2019	18:40:15			1.13175	19:07:50	1.13266	-0.00091	-0.00091
EURO/USD	2/15/2019	08:12:19	s		1.12853	10:54:46	1.12834	0.00019	0.00019
EURO/USD	2/18/2019	10:31:07	s		1.13052	10:31:32	1.13175	-0.00123	-0.00123
EURO/USD	2/18/2019	13:29:04	s		1.13285	15:06:48	1.13272	0.00013	0.00013
EURO/USD	2/19/2019	09:56:53	s		1.1314	09:57:17	1.13231	-0.00091	-0.00091
EURO/USD	2/19/2019	10:01:09	s		1.13194	10:37:54	1.13093	0.00101	0.00101
EURO/USD	2/19/2019	16:22:26	s		1.13219	16:24:12	1.13252	-0.00033	-0.00033
EURO/USD	2/20/2019	10:01:38	s		1.13407	11:19:14	1.13441	-0.00034	-0.00034
EURO/USD	2/20/2019	10:48:58			1.13476	11:19:14	1.13441	0.00035	0.00035
EURO/USD	2/21/2019	10:05:12	s		1.13449	10:22:37	1.13306	0.00143	0.00143
EURO/USD	2/22/2019	08:32:42	s		1.13444	10:18:47	1.13432	0.00012	0.00012
EURO/USD	3/1/2019	06:39:56	s		1.13712	07:56:06	1.13686	0.00026	0.00026
EURO/USD	3/12/2019	14:13:56	s		1.12731	15:55:09	1.12707	0.00024	0.00024
EURO/USD	3/25/2019	18:23:03	–		1.13154	19:16:09	1.13209	0.00055	0.00055
EURO/USD	4/17/2019	18:30:48	–		1.1289	20:50:09	1.12966	0.00076	0.00076

	Datum	Uhrzeit		Open	Uhrzeit	Close	Ergebnis	
EURO/USD	5/24/2019	17:00:25	s	1.12037	18:04:55	1.12007	0.00030	0.00030
EURO/USD	5/28/2019	11:01:38	s	1.11904	12:16:51	1.11872	0.00032	0.00032
EURO/USD	5/30/2019	15:34:16	l	1.11235	16:11:40	1.11237	0.00002	0.00002
EURO/USD	6/4/2019	14:22:48	l	1.12385	17:30:53	1.12388	0.00003	0.00003

Intraday-Handel gilt allgemein als Königsdisziplin und sollte nicht von jedem betrieben werden. Insbesondere, wenn die individuelle Zeit dies nicht zulässt. Es liegt auf der Hand, dass ein solches Handelssystem – um nichts anderes handelt es sich hier – eine permanente Betrachtung und Justierung erfordert und alle sich bietenden Signale gehandelt werden müssen. Sobald man beginnt, zu selektieren (weil man nicht den ganzen Tag über handeln kann, weil die Zeit fehlt), läuft man Gefahr, die erfolgreichen Trades zu verpassen und ausgerechnet die schlechten Trades mitzunehmen (»Murphy's Law«). Zudem muss bei einem solchen System ständig überprüft werden, ob es noch funktioniert. Dies ist aber bereits durch die tägliche Anpassung der Daten weitgehend abgedeckt.

Intra-Monatscharts

Wie verläuft eigentlich ein Monat generell? Gibt es spezielle Zeiten im Monatsverlauf, die sich besonderes für eine Long- oder Short-Position lohnen?

Der Blick auf die Monatscharts gibt darüber Aufschluss.

Der ohne Frage auffälligste Zeitraum ist vom ersten bis zum sechsten Tag des Monats (vergleiche Abbildung 13.5). Hier kann der Index offensichtlich signifikant steigen, während der übrige Monatsverlauf offenbar eher langweilig verläuft. Dies belegen auch die Zahlen, die 707 Mal mit einem Gewinn in diesem Zeitraum aufwarten. 440 Mal wurde hier ein Verlust generiert. Durchschnittlich wird in diesen wenigen Tagen immerhin ein Gewinn von 1,8 Prozent erzielt.

Grenzt man den Zeitraum auf die letzten 25 Jahre ein, ergibt sich ein etwas anderes Bild, welches die getroffene Aussage aus diesem Kapitel bestätigt, nämlich dass sich im Laufe der Zeit die Statistik verändert, worauf geachtet werden muss.

Intra-Monatscharts

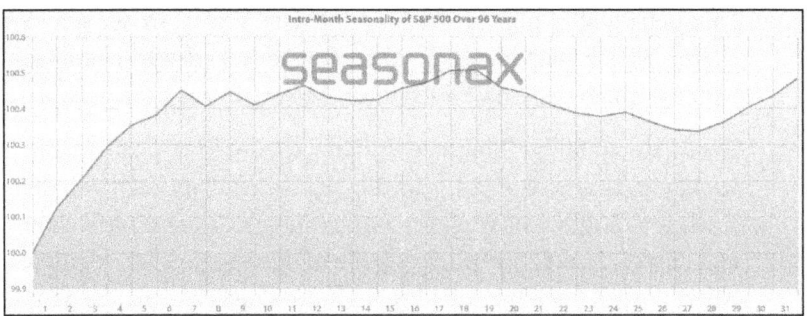

Abbildung 13.5: Monatsverlaufschart S&P 500 der letzten 96 Jahre

Die letzten 25 Jahre beim S&P 500 zeigen, dass hier eine Differenzierung vorgenommen werden muss (vergleiche Abbildung 13.6).

Hier ist deutlich zu sehen, dass die erste Monatshälfte kaum eine nennenswerte Veränderung aufweist. Dagegen sind es drei andere Zeiträume wert, näher betrachtet zu werden. Zunächst findet sich ein Anstieg vom 12. bis zum 18. Tag des Monats. Hier liegt eine Trefferquote von 176 zu 123 vor. Die durchschnittlichen Gewinne und Verluste halten sich in etwa die Waage.

Vom 18. bis zum 24. Tag deutet einiges auf eine Schwächephase hin. Diese kann aber durch die Daten nicht bestätigt werden. Vielmehr ist hier ein ausgeglichenes Verhältnis zu erkennen.

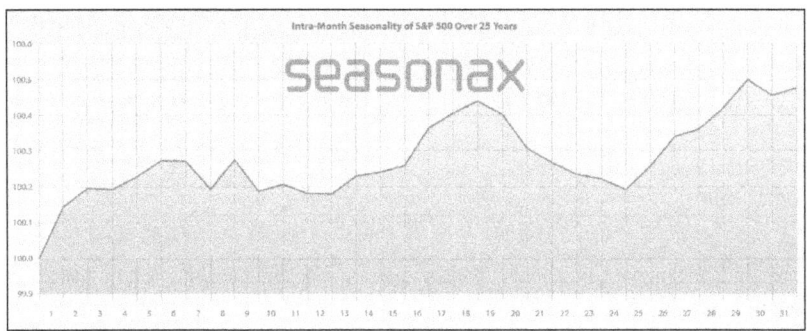

Abbildung 13.6: Monatsverlaufschart S&P 500 der letzten 25 Jahre

Dies betrifft aber nur die Trefferquote. Der Verlust in der schwächeren Phase liegt deutlich über dem durchschnittlichen Gewinn, weshalb der Chart auch diese Abwärtsphase anzeigt.

Die letzte auffällige Phase stellt dann wieder eine positive Entwicklung dar, die vom 24. zum 29. Tag des Monats auch von den Daten bestätigt wird (vergleiche Abbildung 13.7). Die Trefferquote ist mit 172 zu 128 ähnlich gut wie in der ersten Anstiegsphase. Allerdings ist auch hier die durchschnittliche Performance nahezu ausgeglichen, was bei der Trefferquote aber kein Problem für einen Trader darstellen sollte. –

Es hat sich bei dieser Untersuchung herausgestellt, dass nicht alle Phasen eines Monats gleich zu bewerten sind. Auch wenn man keine kurzfristigen Trades mit diesen Daten vornehmen möchte, eignet sich die Statistik trotzdem, um ein Timing für Investitionen oder Ausstieg aus solchen vorzunehmen. Die Performance dürfte durch dieses Wissen ebenfalls zu verbessern sein.

Kann auch beim *DAX* eine solche signifikant auffallende Statistik erkannt werden?

Der DAX (vergleiche Abbildung 13.8) kann zwei positive und eine negative Phase im Laufe des Monats aufweisen. Der Rest verläuft ähnlich langweilig wie beim S&P 500. Die ersten acht Tage

Intramonat Bewegung	Trefferquote für diesen Zeitraum	durchschnittliche Performance	durchschnittliche Performance
S&P 500 1. Tag bis 6. Tag 96 Jahre	707-440	1,80 %	–1,80 %
S&P 500 12. Tag bis 18. Tag 25 Jahre	176-123	1,60 %	–1,60 %
S&P 500 18. Tag bis 24. Tag 25 Jahre	151-149	1,30 %	–1,80 %
S&P 500 24. Tag bis 29. Tag 25 Jahre	172-128	1,30 %	–1,20 %

Abbildung 13.7: Ausgewählte Zeiträume beim S&P 500 Intramonat

Intra-Monatscharts

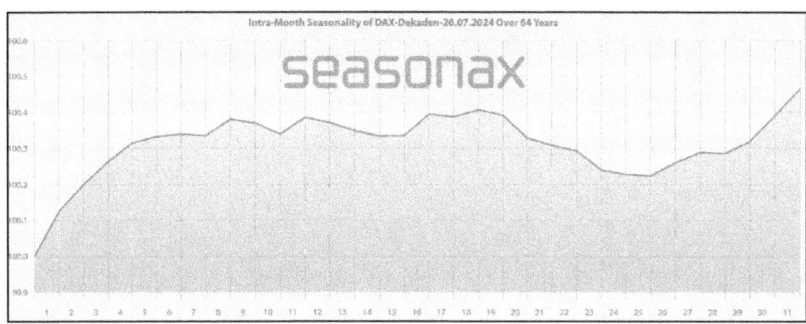

Abbildung 13.8: Monatschartverlauf DAX der letzten 64 Jahre

des Monats stellen mit 455 zu 312 positiven Ereignissen zwar eine gute Trefferquote dar, zeigen aber auch, dass die durchschnittliche Performance kaum voneinander abweicht. Hier stehen 2,1 Prozent einem Minus von 2,2 Prozent gegenüber.

Der vermeintlich schwache Zeitraum des Monats kann keine signifikante durchschnittliche Bewegung aufweisen. Hier deuten sowohl die Trefferquote als auch die Performance zwar leicht nach unten, für eine Short-Investition sind mir diese Verhältniszahlen aber zu schwach.

Der folgende Aufwärtszeitraum ist dagegen wieder deutlich interessanter. Vom 25. Tag des Monats bis zum Monatsende sind sowohl die Trefferquote mit 451 zu 316 als auch die Performance mit zumindest knapp 1,9 zu minus 1,7 Prozent akzeptabel.

Aber auch hier hat sich im Laufe der Zeit die Statistik auffällig verändert (vergleiche Abbildung 13.9).

Wenn man den Zeitraum auf 25 Jahre verkürzt, stellt sich, wie beim S&P 500, ein anderes Bild dar als im langen Zeitraum. Hier sind ein Abwärtszeitraum und ein Aufwärtszeitraum in der zweiten Monatshälfte zu erkennen.

Der Abwärtszeitraum erstreckt sich vom 18. bis zum 23. Tag des Monats. Die durchschnittliche Abwärtsperformance kann die Aufwärtsphase deutlich übertreffen. Auch die Trefferquote spricht dafür, in diesem Monatszeitraum keine kurzfristigen Long-Positionen einzugehen.

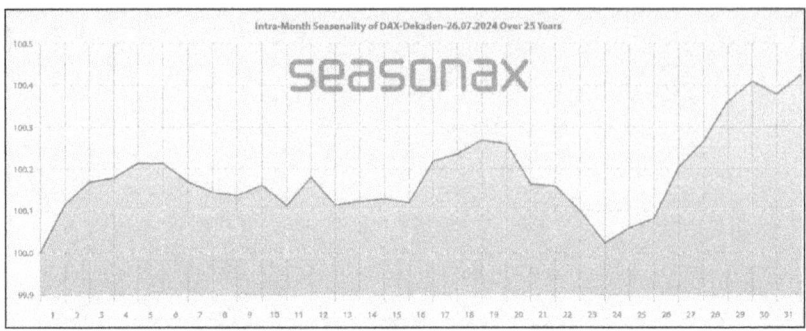

Abbildung 13.9: Monatschartverlauf DAX der letzten 25 Jahre

Vom 23. bis zum 29. Tag ist die Trefferquote von 178 zu 121 besonders auffällig, auch wenn die durchschnittliche Performance nahezu gleich ist (vergleiche Abbildung 13.10). Es zeigt sich aber, dass das Monatsende eine gute Phase darstellt, um kurzfristige Long-Positionen zu halten.

Diese Gesamtmonatsbetrachtung ist für einzelne Trades sicher weniger geeignet. Allerdings könnte man die Statistik nutzen, um einen günstigen Ein- oder Ausstiegszeitpunkt zu finden. Sozusagen als Timing-Instrument für eine Analyse, die auf anderer Basis erstellt wurde.

Intramonat Bewegung	Trefferquote für diesen Zeitraum	durchschnittliche Performance	durchschnittliche Performance
DAX 1. Tag bis 8. Tag 64 Jahre	455-312	2,10 %	-2,20 %
DAX 18. Tag bis 25. Tag 64 Jahre	374-392	1,80 %	-2,10 %
DAX 25. Tag bis Monatsende 64 Jahre	451-316	1,80 %	-1,70 %
DAX 18. Tag bis 23. Tag 25 Jahre	142-158	1,60 %	-2,10 %
DAX 23. Tag bis 29. Tag 25 Jahre	178-121	1,90 %	-1,90 %

Abbildung 13.10: Ausgewählte Zeiträume beim DAX-Intramonat

14 Was sind die besten Tage?

»Montags darf man keine Aktien kaufen, weil die Investoren über das Wochenende analysiert haben und montags ihre Bestände glattstellen.« Solche oder ähnliche Aussagen habe ich in meiner Börsenkarriere des Öfteren gehört. Allerdings waren diese Weisheiten nie mit harten Zahlen belegt. Vielmehr wurden mir solche angeblichen Fakten meist von rhetorisch besonders bewanderten Leuten »untergejubelt«.

Inzwischen kann man die Aussagen objektiv überprüfen und einen Nutzen daraus ziehen. Ob die Erkenntnisse für einen Handelsansatz ausreichen, muss jeder, wie immer, für sich selbst entscheiden. Vermutlich ist, wie schon in vorherigen Kapiteln betont wurde, der beste zu verwendende Ansatz das entsprechende Timing. In oben genanntem Beispiel würde dies bedeuten, dass man bei einer Kaufentscheidung vielleicht lieber am Montag zum Börsenende seine Investition tätigt statt am Montagvormittag.

Es gibt aber nicht nur besonders gute oder schlechte Wochentage, sondern im Jahresverlauf auch besondere Monate. Diese ergeben sich natürlich aus dem gesamten Jahresverlauf. So könnte man kritisch bemerken, dass man zum Beispiel in einem Chart des DAX doch bereits die guten und schlechten Monate erkennen kann. Das ist zwar grundsätzlich richtig, über die Balken kann man aber sehen, welcher Monat besonders gut und welcher weniger gut ist.

Einige Assets möchte ich in diesem Kapitel zunächst auf Wochentagstauglichkeit untersuchen.

Besondere Wochentage beim DAX

DAX in den letzten 64 Jahren

Der DAX weist eine recht ausgeprägte Statistik auf, was die einzelnen Wochentage betrifft (vergleiche Abbildung 14.1).

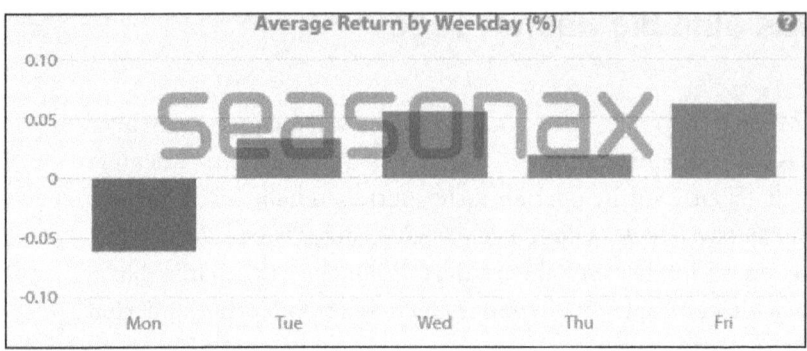

Abbildung 14.1: DAX, 64 Jahre, Tagesperformance

Wer sich nun fragt, was er mit einer Tagesperformance von 0,05 Prozent anfangen soll, dem sei an dieser Stelle noch einmal ausdrücklich gesagt, dass es sich hier um Durchschnittswerte handelt. Dass es hier wie immer keine absoluten Werte sind, liegt entsprechend auf der Hand. Offenbar sind aber montags besonders viele oder auch heftige negative Handelstage zu finden, die dann den Durchschnitt nach unten ziehen. Andererseits sind Mittwoch und Freitag die Tage, an denen durchschnittlich der größte Tagesgewinn der Woche erzielt wird.

Wie sieht es aber aus, wenn der Zeitraum verkürzt wird?

DAX in den letzten 25 Jahren

Wie so oft, zieht eine Zeitraumverkürzung eine signifikante Änderung der Statistik nach sich (vergleiche Abbildung 14.2). So hat sich in den vergangenen 25 Jahren ein klarer Favorit bei den Tagen herausgebildet.

Als außergewöhnlich bester Tag der Woche hat sich der Dienstag herauskristallisiert. Im Schnitt performt dieser Tag mit gut 0,06 Prozent in der Woche am besten. Diese Statistik darf aber nicht den Eindruck erwecken, dass man an jedem Tag der Woche einen

Besondere Wochentage beim DAX   161

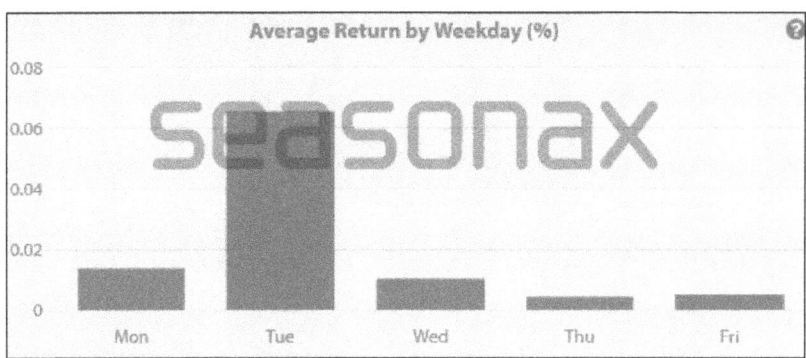

Abbildung 14.2: DAX, 25 Jahre, Tagesperformance

Erfolg verbuchen kann. Der Durchschnitt wird durch negative Tage an den anderen Wochentagen auf ein Minimum nach unten gezogen.

Im Kapitel über die Intraday-Möglichkeiten habe ich bereits festgestellt, dass sich Zyklen im Laufe der Zeit verschieben. Dies macht sich auch bei der Tagesbetrachtung besonders bemerkbar, wenn der Zeitraum nun noch einmal auf zehn Jahre verkürzt wird.

DAX in den letzten zehn Jahren

Der Dienstag ist zwar noch immer der stärkste Tag der Woche und wartet sogar mit durchschnittlich 0,1 Prozent auf, am Donnerstag hat sich aber eine deutliche Verschlechterung ergeben (vergleiche Abbildung 14.3). Dieser Tag landet im verkürzten Zeitraum klar im Minus und sollte daher gemieden werden.

Jeder Zeitraum sollte aus diesem Grund für sich betrachtet und die einzelnen Tage nicht für ein Trading genutzt werden. Es ist lediglich ein Hinweisgeber, um einen möglichst guten Ein- oder Ausstieg zu finden.

14 Was sind die besten Tage?

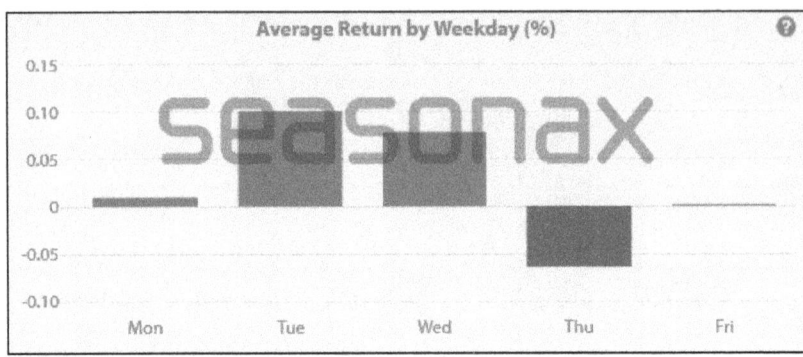

Abbildung 14.3: DAX, 10 Jahre, Tagesperformance

Besondere Wochentage beim S&P 500

S&P 500 in den letzten 96 Jahren

Interessant ist die Entwicklung beim US-Index S&P 500. Der einzige Wochentag, der mit einer negativen Entwicklung im Schnitt abschneidet, ist der Montag (vergleiche Abbildung 14.4). An allen anderen Wochentagen stellt sich eine positive Durchschnittsentwicklung dar.

Dies bedeutet aber nicht, dass man an allen Tagen von Dienstag bis Freitag einen Gewinn zu erwarten hat. Vielmehr fallen die

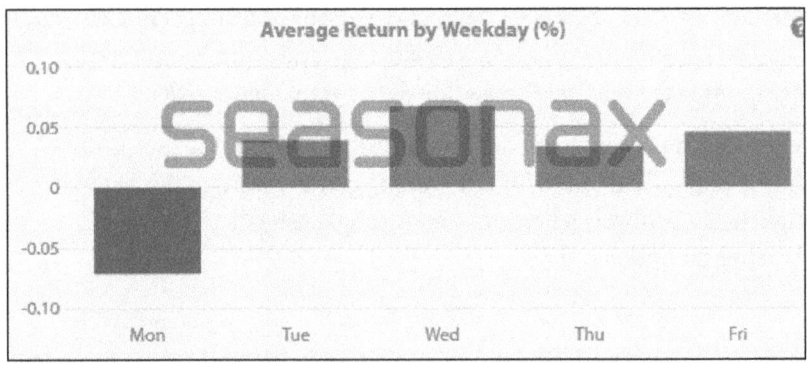

Abbildung 14.4: S&P 500 in den letzten 96 Jahren

positiven Tage eben mit deutlich höheren Gewinnen auf, als an den negativen verloren wird. Es sind eben nur Durchschnittswerte. Dieses Bild verstärkt sich noch einmal, wenn der Zeitraum auf die letzten zehn Jahre verkürzt wird.

S&P 500 in den letzten zehn Jahren

Abbildung 14.5 zeigt, dass bei einer Betrachtung der letzten zehn Jahre alle Wochentage mit einem Plus versehen sind.

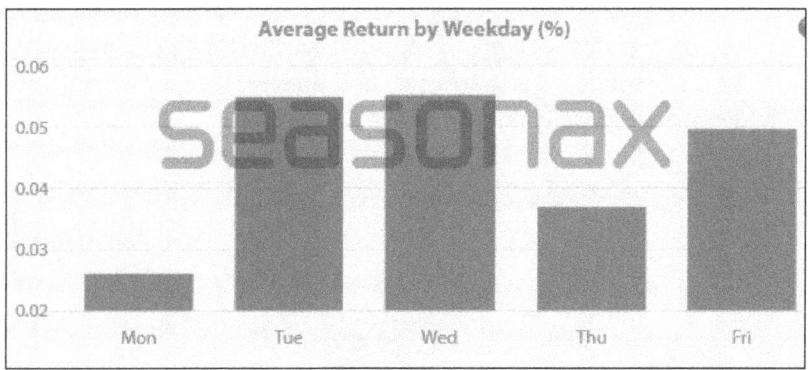

Abbildung 14.5: S&P 500 in den letzten zehn Jahren

Die besten Tage sind hier Dienstag, Mittwoch und Freitag. Auch diese Statistik suggeriert, dass der Index immer nur gestiegen sein müsste, was aber, wie bekannt sein dürfte, nicht der Fall war.

Es zeigt sich also, dass der Wert von Tages-Saisonalitäten eher überschaubar ist. Weder ein Handelssystem ist davon ableitbar (es sei denn, man arbeitet Intraday auf Tagesbasis und kann bereits Erfahrungen und Erfolge vorweisen), noch können diese sinnvoll für Ein- oder Ausstiegsentscheidungen genutzt werden. Daher sollte bei Indexentscheidungen lieber auf die normalen Saisonalitäten-Charts geachtet werden. Die Tageschartdaten helfen eher weniger.

Trotzdem soll an dieser Stelle noch ein Blick auf einige ausgesuchte Werte geworfen werden.

Besondere Wochentage bei Einzelwerten

Lotus Bakeries

Wer schon einmal in Belgien oder den Niederlanden einen Kaffee oder Tee getrunken hat, wird die Marke Lotus kenne. Diese kleinen Kekse, die an weihnachtlichen Spekulatius erinnern, werden oft als Beigabe zum Getränk gereicht. Dass es sich hier um eine überaus erfolgreiche Aktiengesellschaft handelt, die seit Jahren einen stetigen und weitgehend volatilitätsarmen Aufwärtstrend aufweist, habe ich erst vor kurzer Zeit erfahren. Man müsste also annehmen, dass es einige Tage im Wochenverlauf gibt, an denen Lotus besonders gut performt, und andere Tage, an denen die Performance weniger gut ausfällt.

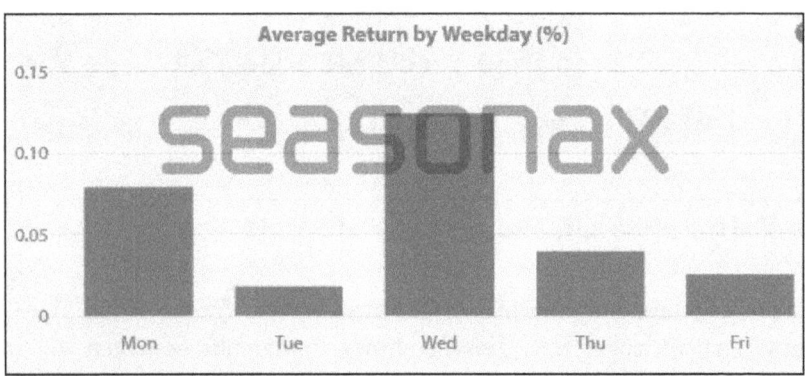

Abbildung 14.6: Lotus Bakeries, 34 Jahre

Alle Tage bei Lotus können ein durchschnittliches Plus aufweisen. Dies ist bei der Chartentwicklung von Lotus auch kein Wunder. Die Aktie ist seit Jahrzehnten auf dem Weg nach oben. Auch ich habe mich diesem Trend angeschlossen, was aber nicht bedeutet, dass die Aktie auch in den vor uns liegenden Jahrzehnten eine solche Performance vorweisen wird. Für den, der trotzdem einsteigen möchte, stellt sich unweigerlich die Frage, wann die

Besondere Wochentage bei Einzelwerten

beste Zeit für einen solchen Einstieg ist. In der Tagesstatistik zeigt sich, dass ein Einstieg zum Wochenstart recht erfolgreich ausfallen sollte. Der Montag und der Mittwoch sind besonders gute Tage, weshalb die ersten drei Tage der Woche die größte Performance im Wochenverlauf beitragen.

Die kürzere Zehn-Jahres-Statistik zeigt bei den ersten drei Tagen der Woche ebenfalls eine deutlich positive Tendenz (vergleiche Abbildung 14.7). Der Donnerstag ist hier aber nicht nur schlechter als die erste Wochenhälfte, sondern notiert sogar im Minus. Wer also Lotus als Trading-Objekt und nicht als Anlagewert sieht, könnte am Donnerstag gegen Börsenschluss eine Position eröffnen und am Mittwoch zum Börsenschluss wieder schließen. Ob eine solche Strategie eine »Buy and hold«-Strategie schlagen würde, ist allerdings fraglich. Nicht zuletzt die Gebühren dürften den kurzfristigen Erfolg aufzehren.

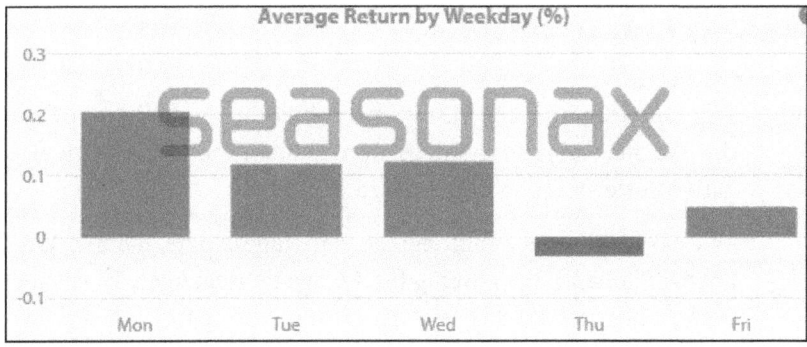

Abbildung 14.7: Lotus, zehn Jahre

Hinzu kommt, dass man sich immer den Jahreschart anschauen sollte, wenn man einen günstigen Einstieg sucht. Die Tagesstatistik wäre dann nur noch eine Feinsteuerung. Es gibt ohnehin einige Aktien, bei denen es bei einer langfristigen Investition völlig gleichgültig ist, zu welchem Zeitpunkt man hier investiert.

Deutsche Bank

Bei einem der bekanntesten deutschen Werte, der Deutschen Bank, ist deutlich zu erkennen, dass die Woche in zwei Bereiche aufgeteilt ist. Zwei Tage bringen eine positive Performance und an drei Tagen wird ein Minus im Durchschnitt generiert (vergleiche Abbildung 14.8).

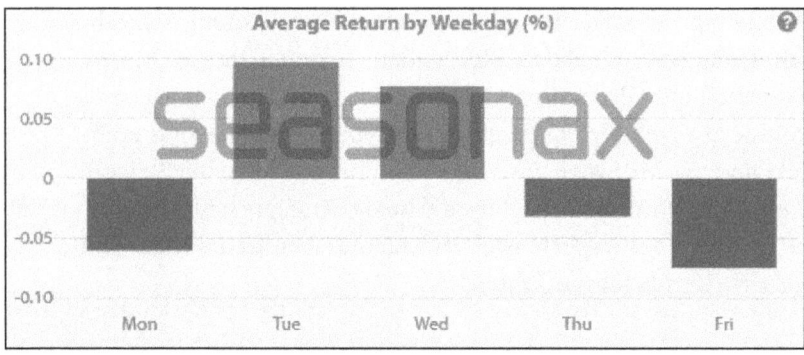

Abbildung 14.8: Deutsche Bank in den letzten 30 Jahren

Der Dienstag und der Mittwoch sind eindeutig die besten Tage der Woche, während montags, donnerstags und freitags eine negative Performance generiert wird.

Wie oben schon erwähnt, eignen sich Tagescharts, die den Wochenverlauf aufzeigen, wenig für Anlageüberlegungen. Es ist eine nette, aber unbrauchbare Auswertung, die kaum zur Performanceverbesserung beiträgt. Zum Timing kann diese Statistik gleichwohl angewendet werden.

Amazon

Wenn man sich die linke Seite von Abbildung 14.9 ansieht, ist es völlig klar, dass man bei Amazon immer am Montagabend kaufen und am Mittwochabend wieder verkaufen sollte. Aber so einfach ist es auch bei einem Wert wie Amazon nicht.

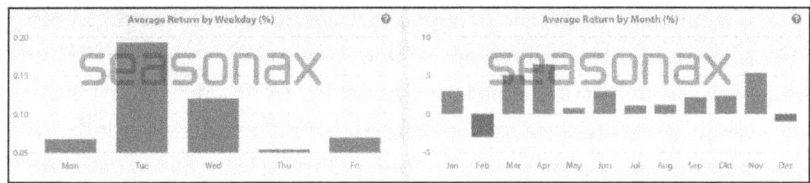

Abbildung 14.9: Amazon Tages- und Monatsstatistik, 27 Jahre

Die Tagesstatistik bei Amazon ist verlockend, wobei zwei Handelstage besonders herausstechen. Der Dienstag und der Mittwoch sind offenbar die Tage, an denen diese Aktie, die durchaus als Highfligher bezeichnet werden darf, am besten performt. Wenn man also darauf ein Handelssystem aufbauen wollte, so könnte man die übrigen Tage der Woche außen vorlassen und sich so verhalten wie in der Einleitung dieses Abschnitts beschrieben. Betrachtet man aber die Monatsentwicklung, kann man feststellen, dass zwei Monate eher negativ herausragen.

Ein Ansatz könnte also lauten, nur in den starken Monaten Januar, März, April, Juni und November die beiden starken Tage zu handeln. Ein Grund, warum der Dezember und der Februar besonders negativ hervorstechen, könnte sein, dass die Weihnachtseinkäufe mit dem Dezemberstart getätigt sind und damit die Nachfrage etwas nachlässt. Ob der eher bescheidene Februar mit besonders starken Rücksendungen zu tun hat, ist eher fraglich, da Amazon selbst die Rücksendungsverluste nur zu einem Teil zu tragen hat.

Nvidia

Bei Nvidia stellt sich kaum die Frage, ob man einsteigen sollte, sondern vielmehr, wann der günstigste Zeitpunkt für einen Einstieg gegeben ist. Die Situation ist hier etwas differenzierter. Wer den Chart der Aktie kennt, weiß, dass hier ein langfristiger Aufwärtstrend zu sehen ist, der immer wieder parabolische Züge aufweist. Bei solchen Werten ist es naturgemäß schwierig, den richtigen Einstiegszeitpunkt zu finden.

Es gilt hier weniger die richtigen Tage als vielmehr die richtigen Monate zu finden. Außer am Freitag performt Nvidia nämlich im Schnitt recht gut (vergleiche Abbildung 14.10). Bei den Monaten sind hier schon bessere Möglichkeiten auszumachen. Besonders in den beiden Sommermonaten Juni und Juli scheint die Aktie besonders Federn zu lassen, sodass sich ein Einstieg Anfang August lohnen könnte. Ein Backtest würde hier sicher deutlich machen, ob diese Statistik auch zu einem sinnvollen Handelssystem führen kann.

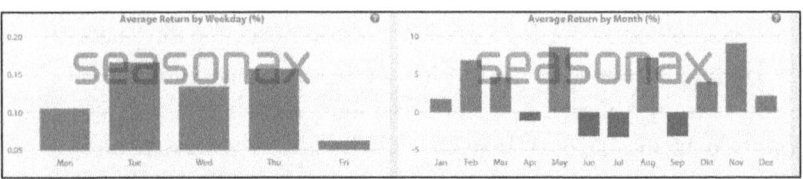

Abbildung 14.10: Nvidia Tages- und Monatschart, 26 Jahre

Was sind die besten Monate?

Monatsstatistik beim DAX

Die Monatsstatistik des DAX der letzten 64 Jahre zeigt einige besonders gute und nur wenige negative Monate auf (vergleiche Abbildung 14.11). Besonders ins Auge fällt hier der September, der in den vergangenen Jahrzehnten immer wieder einmal einen Crash aufgewiesen hat, was zu diesem hohen durchschnittlichen Negativergebnis geführt hat.

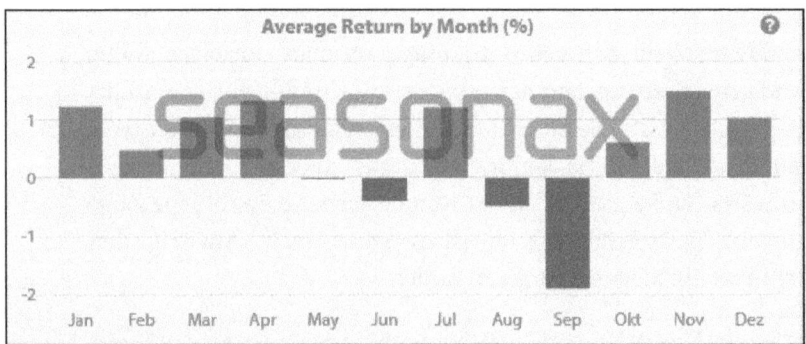

Abbildung 14.11: DAX, 64 Jahre, Monatsansicht

Was sind die besten Monate? 169

Der Börsenspruch »Sell in may and go away« ist sicher jedem Börsianer bekannt. Bereits die Balken in Abbildung 14.11 zeigen, dass dies nicht mehr unbedingt ein guter Rat ist oder noch nie ein solcher war. Die Verluste im Mai und Juni sind eher gering und im Juli ziehen die Notierungen im Schnitt sogar an. Erst August und September zeigen dem Börsianer, dass es nicht immer nur nach oben gehen kann.

Die restlichen Monate können stattdessen durchaus gute durchschnittliche Performancewerte aufweisen. Diese Statistik bestätigt aber noch eine weitere immer wieder in den Medien diskutierte Aussage. Es wird recht häufig kolportiert, dass die beste Zeit, im Markt zu sein, der Zeitraum von Oktober bis April ist. Dass dies eine gute Idee sein könnte, wird mit Abbildung 14.11 bewiesen.

Ein sehr ähnliches Bild zeigt sich, wenn man den Zeitraum auf die letzten 25 Jahre eingrenzt (vergleiche Abbildung 14.12). Den wesentlichen Unterschied, der sich in den letzten Jahren eingestellt hat, stellen die ersten Monate des Jahres dar.

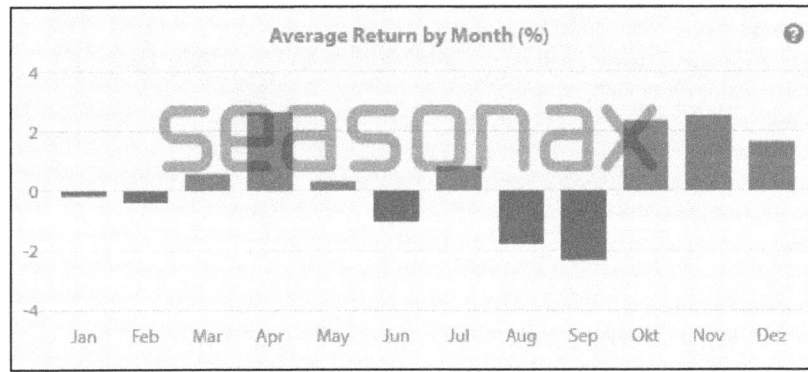

Abbildung 14.12: DAX in den letzten 25 Jahren

Der Jahresauftakt ist beim DAX also nicht mehr so erfolgreich, wie das vor mehreren Jahrzehnten noch der Fall gewesen ist. Dafür steigen die Durchschnittswerte bei den positiven Monaten signifikant an. Der Schnitt der letzten 64 Jahre liegt deutlich unter 2 Prozent, während sich dieser Durchschnitt über die Zwei-Prozent-Marke bewegt, wenn man nur die letzten 25 Jahre betrachtet.

Eine Überraschung ist diese Statistik nicht. In vielen anderen Charts wurde diese Erkenntnis bereits vorgestellt und somit jetzt nur noch bestätigt.

Monatsstatistik beim S&P 500

Fast 100 Jahre sind in der Statistik des S&P 500 enthalten. Die besten Monate, die im Schnitt über einem Prozent Ertrag gebracht haben, sind Januar, April, Juli und Dezember (vergleiche Abbildung 14.13). Wie auch beim DAX ragt der September mit dem größten Minus heraus. Die übrigen Monate stellen mehr oder weniger geringe Prozentzahlen zur Verfügung.

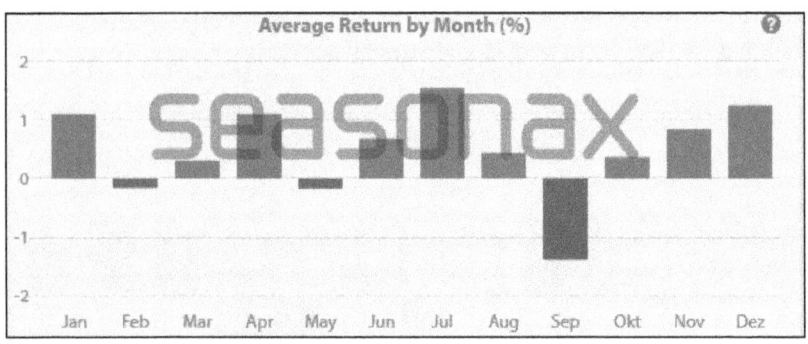

Abbildung 14.13: S&P 500 in den letzten 96 Jahren

Wie auch beim DAX ist der kürzere Zeitraum von 25 Jahren mit einer etwas anderen Performance-Struktur ausgestattet (vergleiche Abbildung 14.14). Der September bleibt zwar der schlechteste Monat des Jahres, der Januar und der Juni haben sich aber vom Plus ins Minus gedreht. Der Mai hat auch einen Dreh vollzogen, nämlich von einem leichten Minus zu einem leichten Plus.

Was sind die besten Monate?

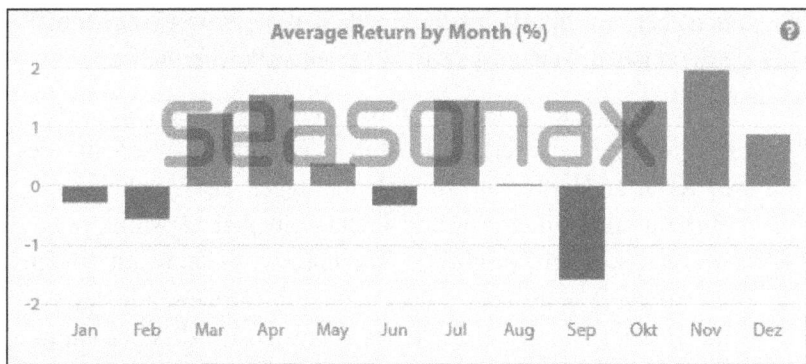

Abbildung 14.14: S&P 500 in den letzten 25 Jahren

Die Statistik zeigt nicht nur, dass sich die Werte im Laufe der Jahre verändern (wurde an anderer Stelle bereits beschrieben), sondern auch, dass man sich auf die Herbstmonate mit einem positiven Performancebeitrag verlassen kann. Hier kommt natürlich wieder die Jahresendrallye ins Spiel, die meist Anfang Oktober beginnt.

Auch wenn mit den Statistiken in diesem Abschnitt lediglich bekannte Fakten bestätigt werden, zeigen diese aber, dass man einen Nutzen aus diesen Analysen ziehen kann. Die Visualisierung solcher Gesetzmäßigkeiten erhöht die Performance und gibt bei der Anlageentscheidung ein besseres Gefühl.

Monatsstatistik bei Einzelwerten

Um den Kreis von Index zu Aktie zu schließen, sei hier noch eine Aktie mit der gleichen Statistik behandelt.

Die beliebte US-Bier-Brauerei Anheuser Bush ist nicht allein auf die gleichlautende Marke beschränkt. Die Gesellschaft hat sich inzwischen in viele Brauereien auf der ganzen Welt eingekauft.

Einen Einfluss der Trinkgewohnheiten von US-Amerikanern oder sonstigen Weltbürgern und damit einen Zusammenhang auf die Tagesstatistik kann man sicher nicht herstellen. Es dürfte auch eher unwahrscheinlich sein, dass in der ersten Wochenhälfte mehr getrunken wird als in der zweiten Wochenhälfte.

Trotzdem hat sich über die Jahre eine Auffälligkeit herausgebildet, die bemerkenswert ist. So sind die Performancewerte bei dieser Aktie an den ersten drei Handelstagen der Woche positiv, während am Donnerstag und Freitag offenbar Gewinne mitgenommen werden (vergleiche Abbildung 14.15). Somit könnte eine Strategie so aussehen, dass man zum Handelsende der Woche einsteigt, um gegen Ende des Mittwochshandels der darauffolgenden Woche die Position zu schließen. Auch hier ist ein Backtest dieser doch recht banalen Handelsstrategie angebracht.

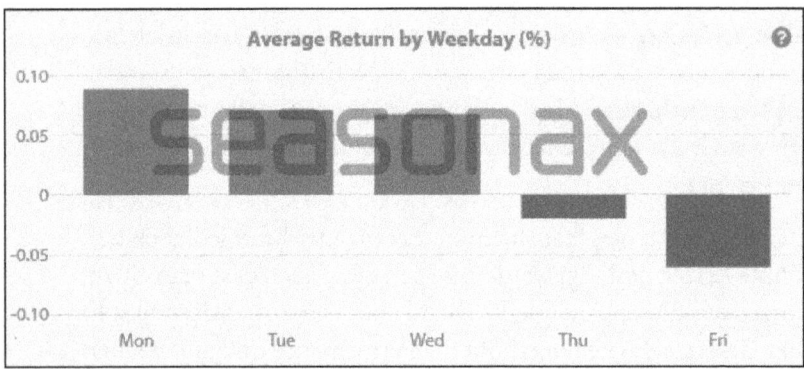

Abbildung 14.15: Anheuser Bush Tageschart

15 Und was ist mit Gold?

Wer an der Börse tätig ist und sich für Gold interessiert, hat sicher schon einmal etwas von der Heiratssaison in Indien und dem damit verbundenen Einfluss auf die Goldpreisentwicklung gehört. Diese über viele Jahre feststehende Aussage wird in diesem Kapitel ebenso analysiert wie eine Verschwörungstheorie, die offenbar noch heute Beachtung findet. Zudem soll ein Zyklus ganz anderer Art betrachtet werden und in einen Konsens zu den hier beschriebenen Saisonalitäten gebracht werden.

Die Heiratssaison in Indien

Indien gilt als das Land, in dem der meiste Goldschmuck gekauft und verschenkt wird. Als Mitgift, Glücksbringer, aber auch Statussymbol werden hier traditionell zur Hochzeit diese Goldgeschenke gemacht. Die Zeit, in der die meisten Hochzeiten stattfinden, erstreckt sich von November bis Februar. In dieser Zeit soll daher das meiste Gold in Indien gekauft werden. Entsprechend hat man in der Vergangenheit immer wieder von Empfehlungen gehört, Gold in dieser Zeit zu erwerben, um an einem vermeintlichen Goldpreisanstieg zu partizipieren.

Diese Erwartung unterstellt aber, dass Inder bei der Anschaffung von Gold nicht auf den Preis achten und einfach nur kaufen, weil eben jetzt die Kinder heiraten. Auch der Goldschmied, der den zum Teil sehr teuren Schmuck anfertigt, wird den Rohstoff Gold kaum erst zu Beginn der Hochzeitssaison erwerben. Dieser wird vielmehr darauf achten, wie die Preisentwicklung zu seinem Vorteil zu nutzen ist. Bei der Geburt der Kinder wird oft damit begonnen, die besagte Mitgift in Gold »anzusparen«. Ganz gewiss werden indische Eltern hier auf den günstigsten Goldpreis im Jahresverlauf achten. Zudem wird in Indien nicht nur zur

Hochzeit Gold gekauft, um dieses zu verschenken. Auch an Feiertagen wird gerne Gold verschenkt.

Umso mehr überrascht es, dass trotz der Gegenargumente der Zeitraum von November bis Februar beim Gold ein recht guter ist (vergleiche Abbildung 15.1).

Die Trefferquote liegt in diesem Zeitraum bei 36 zu 20 und die durchschnittliche Performance beläuft sich auf fast 12 Prozent zu knapp minus 6 Prozent.

Es ist nicht auszuschließen, dass hier ein psychologischer Effekt eingetreten ist. Wenn nämlich viele Marktteilnehmer dem Mythos »Hochzeitssaison in Indien« folgen und entsprechend investieren, kann allein diese Aktivität zu der beobachteten Bewegung führen.

Der Effekt der Hochzeitssaison zeigt sich in den vergangenen Jahren noch eindrucksvoller (vergleiche Abbildung 15.2).

Hier wird in 20 von 25 Jahren ein positiver Ertrag von durchschnittlich gut 8 Prozent erzielt. In den wenigen Verlustjahren werden dagegen nur gut 4 Prozent verloren (vergleiche Abbildung 15.3).

Gleichgültig, ob es sich tatsächlich um das Faktum Heiraten handelt oder ob die Anleger einen Effekt antizipieren, den es eigentlich nicht geben kann, der Zeitraum ist offenbar für einen

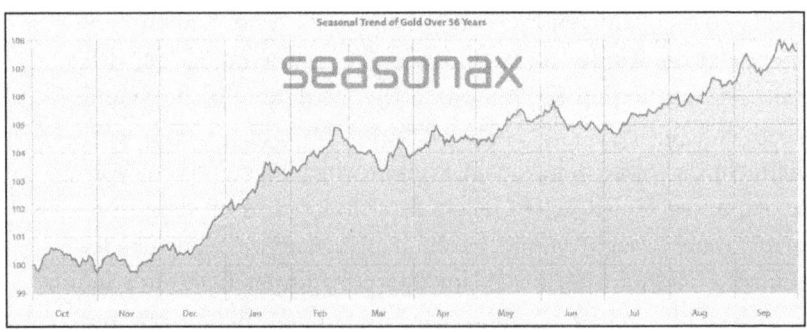

Abbildung 15.1: Gold in den letzten 56 Jahren im nach rechts verschobenen Chart

Eine Verschwörungstheorie? Oder einfach nur ein Fakt?

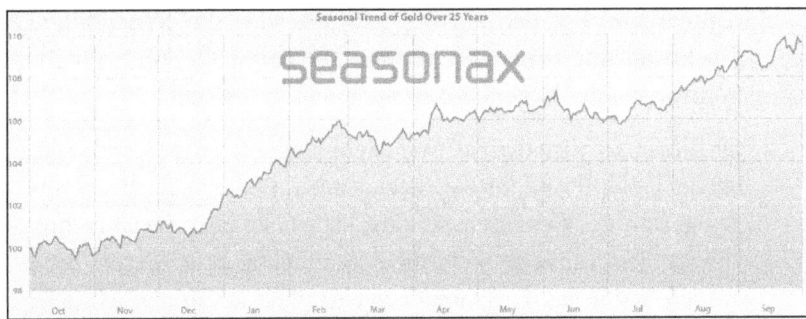

Abbildung 15.2: Gold in den letzten 25 Jahren im nach rechts verschobenen Chart

Gold in der Hochzeitssaison	Trefferquote in Jahren für den Zeitraum	durchschnittliche Performance	durchschnittliche Performance in Negativjahren
November-Februar, 56 Jahre	36-20	11,90 %	-5,90 %
November-Februar, 25 Jahre	20-5	8,30 %	-4,10 %

Abbildung 15.3: Tabelle ausgewählter Zeiträume

Goldanstieg prädestiniert. Wer sich also ohnehin mit dem Gedanken beschäftigt, in Gold zu investieren, der ist sicher nicht schlecht beraten, die Anschaffung im November eines Jahres vorzunehmen.

Eine Verschwörungstheorie? Oder einfach nur ein Fakt?

Fast jeden Tag gegen 10:00 Uhr (Eastern Time) bricht der Goldpreis an der New Yorker Börse kurzfristig ein, um sich dann wieder zu erholen. Die Frage sei erlaubt, ob es sich hierbei um einen Zufall oder bewusste Manipulation handelt. Zuweilen ist hier auch von »systematischer Intervention« die Rede. Aber wer könnte ein Interesse daran haben, dass Gold nicht steigt? Interessenten könnten zum Beispiel die Notenbanken der Welt sein. Diese haben naturgemäß kein Interesse daran, dass mit Gold eine nicht regulierbare Parallelwährung existiert, die im Krisenfall als Fluchtwährung fungieren könnte und damit die kontrollierten Währungen der Notenbanken noch mehr schwächt.

Ob dies tatsächlich der Fall ist und ein Eingreifen der Notenbanken bei der Goldpreisfindung vorliegt, kann am Ende nicht zweifelsfrei gesagt werden. Wenn dem so wäre, hätte Gold über die Jahrzehnte, ja sogar Jahrhunderte nicht die Preisstabilität aufgewiesen, die es an den Tag gelegt hat. Gold steigt nämlich kontinuierlich, allerdings unter Schwankungen, gegen die übrigen Währungen mehr oder weniger an.

Trotzdem gibt es diesen Einbruch im Goldpreis an sehr vielen Tagen. Ich habe eine entsprechende Untersuchung vorgenommen, um zu testen, ob man daraus ein Handelssystem ableiten kann. Davon habe ich bereits in Kapitel 13 berichtet. Genau über diesen Umstand bin ich zu meinem Handelssystem gekommen. Dabei ist mir aufgefallen, dass sich dieser Einbruch im Laufe der Zeit auch innerhalb des Tages verschoben hat. Zudem gab es neben dem Einbruch auch zur gleichen Zeit manchmal kräftige Anstiegsbewegungen.

So schön der in Abbildung 15.4 dargestellte Chart auch aussieht, die Daten beruhen auf Beobachtungen, die heute keine Gültigkeit mehr haben. Trotzdem sind starke Bewegungen innerhalb eines Tages weiterhin an der Tagesordnung. Nur die Uhrzeit verschiebt sich zuweilen. Diesen Effekt kann man sich aber auch zu Nutze machen.

Der Achtjahreszyklus beim Gold

Einer der besten Technischen Analysten, die ich kenne, hat auf Vorträgen und Schulungen ebenfalls einen zyklischen Ansatz vorgestellt. Am Beispiel von Gold möchte ich diesen noch einmal aufgreifen, auch wenn er mit den bisher vorgestellten Zyklen eher wenig zu tun hat. Es gehört aber zur Vollständigkeit dieses Themas, auch diesen Ansatz zu zeigen.

Der Achtjahreszyklus beim Gold

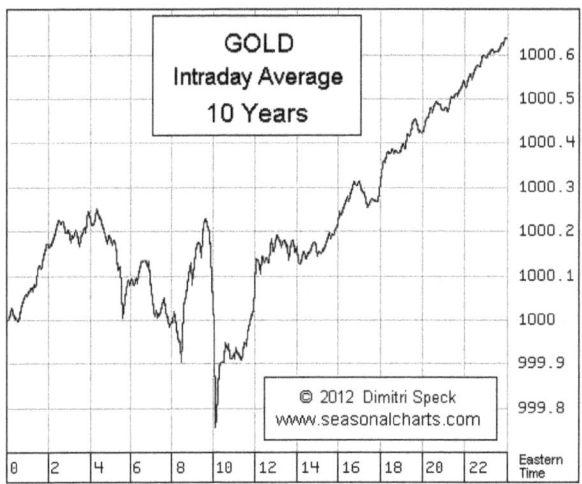

Abbildung 15.4: Intraday-Saisonalität von Gold, Quelle: https://www.seasonalcharts.de/intraday.html

Dieser befreundete Analyst hat festgestellt, dass Gold alle acht Jahre eine neue Trendrichtung einschlägt. Das durchaus verblüffende Ergebnis habe ich versucht, in Abbildung 15.5 darzustellen.

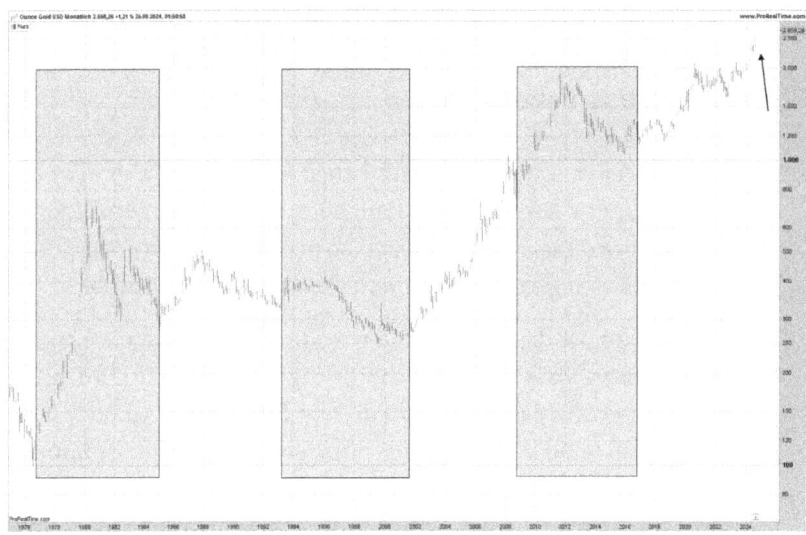

Abbildung 15.5: Achtjahreszyklus beim Gold

Es muss zugegeben werden, dass die Phasen nicht exakt acht Jahre umfassen, und auch die Spitzen könnte man zum Teil verschieben. Es fällt aber auch auf, dass am Anfang oder Ende der jeweiligen Bereiche alle acht Jahre eine Spitze oder Wende stattgefunden hat. Als er übrigens diese Folie 2013 aufgelegt hatte, prognostizierte er für 2016 eine untere Wende, welche dann ja auch eingetreten ist. Wenn man nun weitere acht Jahre dazu rechnet, würde 2024 wieder ein Top ausgeprägt werden. Wie man aber 2008 gesehen hat, kann eine solche Spitze auch recht kurzfristig wieder negiert werden.

Dieses Beispiel soll lediglich zeigen, dass es auch andere Möglichkeiten gibt, Zyklen zu erkennen und entsprechend auszunutzen. Sicher gibt es viele Ansätze, einen Mehrjahreszyklus zu erkennen. So könnte man zum Beispiel auch nach vierjährigen Zyklen oder auch einem Vielfachen von den genannten Zyklen suchen.

Wenn Sie sich nun fragen, ob so etwas auch Intraday möglich ist, lautet die Antwort selbstverständlich »ja«. Hier sind die Zyklen dann natürlich viel kürzer, was bei der Spekulation durch eine entsprechende Haltezeit berücksichtigt werden muss.

Bitcoin wird das neue Gold?

Es kann einem schon angst und bange werden, wer sich alles als Bitcoin-Experte ausgibt. Die Argumente, die für einen unaufhörlichen Anstieg dieses nicht mehr ganz so neuen Konstruktes angeführt werden, klingen gleichermaßen verlockend wie nachvollziehbar.

»Der Bitcoin ist das neue Gold« wird propagiert und die Erwartungshaltung, dass die Kryptowährung auf 100 000 US-Dollar (bei Abgabe des Manuskripts zu diesem Buch war es schon fast so weit), 1 000 000 US-Dollar oder noch viel mehr steigt, ist unumstößlich. Die Euphorie führt inzwischen so weit, dass Kandidaten von Quizshows in einer selbstbewussten Selbstverständlichkeit ihre Meinung äußern, ohne wirklich zu wissen, was dahintersteckt.

Die Technologie, die hinter diesem Konstrukt steht, ist zweifelsohne genial und wird auch die Zukunft beherrschen. Was viele allerdings nicht bedenken, ist, dass man den Bitcoin nicht anfassen kann, und wenn es ein Problem mit dem Rechner oder der Festplatte gibt, hat man so gut wie keine Chance mehr, an die Beträge zu kommen. Daher ist der Vergleich mit Gold sicher nicht angebracht (auch wenn man Gold gestohlen bekommen könnte).

Egal, wie man zum Bitcoin steht, ist doch auch diese Währung ein Handelsobjekt, das inzwischen eine Historie hat, die es ebenso wie Gold wert ist, zyklisch betrachtet zu werden. Ich habe hier den Bitcoin gewählt, weil es eine der ersten Kryptowährungen gewesen ist und somit eine zufriedenstellende Datenstatistik zur Verfügung steht.

Der Jahresverlauf von Bitcoin ist im Wesentlichen von drei Phasen geprägt (vergleiche Abbildung 15.6). Eine Anstiegsphase im ersten Halbjahr, eine Seitwärtsphase von Sommer bis Oktober und erneut eine Anstiegsphase von Oktober bis zum Jahresende.

Es ist in diesem Fall allerdings nur sinnvoll, die Trefferquote zu betrachten, da die durchschnittlichen Prozentzahlen meist von einzelnen Ereignissen geprägt sind.

Das erste Halbjahr kann zehn positive und nur vier negative Jahre aufweisen. Diese auf den ersten Blick recht erfolgreiche Statistik ist allerdings von einer hohen Volatilität geprägt.

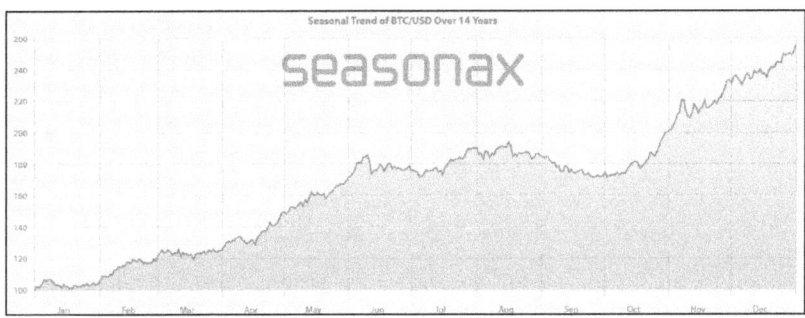

Abbildung 15.6: Bitcoin im Jahresverlauf, 14 Jahre

Obwohl es sich im Zeitraum von Sommer bis Oktober um eine Seitwärtsentwicklung handelt, ist auch hier die Trefferquote mit neun zu fünf positiv. Allerdings liegen die Prozentzahlen deutlich im negativen Bereich. Wenn man diesen Zeitraum also regelmäßig gehandelt hätte, wäre zumindest kein großes Plus dabei herausgekommen.

Die Trefferquote beim letzten Zeitraum liegt mit acht zu fünf ebenfalls im positiven Bereich. Hier gestaltet sich die prozentuale Verteilung zwar wieder positiv, wird aber wie schon erwähnt von einem einzelnen Ereignis wesentlich beeinflusst.

Auch wenn 14 Jahre schon recht brauchbar sind, zeigt die Auswertung, dass bei einem neuen Produkt, das tendenziell immer nur gestiegen ist, eine wirklich umsetzbare Strategie kaum möglich ist.

Ich wollte den Bitcoin lediglich zur Vollständigkeit in dieses Buch aufnehmen, auch wenn ich ein Investment in dieses Konstrukt doch recht kritisch sehe.

Wie immer müssen Sie entscheiden, ob Sie den Versprechungen folgen wollen oder nicht.

16 Kalender der Saisonalitäten

In diesem Kapitel soll eine Übersicht über das gesamte Jahr erfolgen. Sie finden hier sowohl die einzelnen Monate in Charts wieder als auch eine Übersicht, was Sie an Ereignissen im jeweiligen Monat erwartet. Wie bereits betont, handelt es sich bei den Charts um die typischen Verläufe, wie sie sich zum Zeitpunkt der Erstellung dieses Buches dargestellt haben. Jeder weitere Tag nach der Erstellung der Charts wird die Statistik entsprechend verändern. Für einen kurzen Zeitraum bieten die abgebildeten Charts aber immerhin einen Anhaltspunkt.

Auf jeder Seite werden je ein Chart des DAX und des S&P 500 im jeweiligen Monat mit zwei Zeitreihen abgebildet sein. Am Ende des Kapitels finden Sie die übliche Statistik, aus der Sie die Performance der einzelnen Monate ablesen können.

Bitte beachten Sie, wie bereits in diesem Buch beschrieben, dass zum Beispiel der Monat September eine naturgemäß schwache Performance aufweist. Das kommt daher, dass in diesem Monat in der Historie meist starke Kursverluste oder gar Crashs zu verzeichnen waren. Diese einzelnen Ereignisse können daher das Gesamtergebnis verfälschen und die möglicherweise guten Jahre überlagern.

Beim DAX konnte ich für diesen Kalender 64 Jahre zu Grunde legen. Beim S&P 500 bietet das Programm sogar 96 Jahre der Historie an. Somit sind die Ergebnisse sehr stark aus der Vergangenheit geprägt. Zur Eingrenzung auf jeweils 25 Jahre werde ich daher auf jeder Seite sowohl den langen als auch den kürzeren Zeitraum pro Index abbilden. So kann der aktuelle Verlauf besser betrachtet und mit den längeren verglichen werden. In Kombination kann so schnell erkannt werden, welche Zeiträume sich verändert haben und welche sich über einen längeren Zeitraum nicht verändert haben.

Die Monate sind alle auf 31 Tage normiert. Dies liegt daran, dass nur so ein Mittel über alle Monate in den Jahrescharts erzeugt werden kann.

DAX/Januar

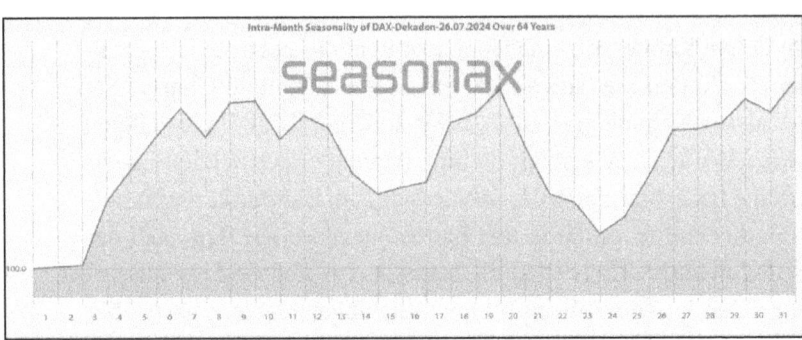

Abbildung 16.1: DAX im Januar der letzten 64 Jahre

Der Januar ist offenbar ein recht volatiler Monat beim DAX.

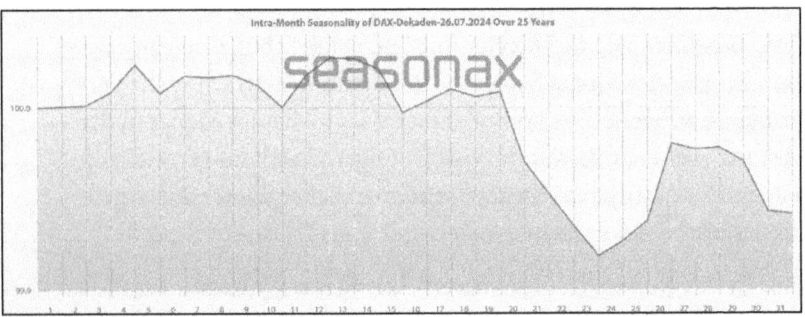

Abbildung 16.2: DAX im Januar der letzten 25 Jahre

In der Auswertung zeigt sich deutlich die Veränderung über die Jahrzehnte. Das deutliche Trefferquotenplus von 36 zu 28 ist in den letzten Jahren einem nahezu ausgeglichenen Verhältnis gewichen. Im Durchschnitt hat sich sogar ein Minus in den letzten 25 Jahren ergeben.

DAX/Februar

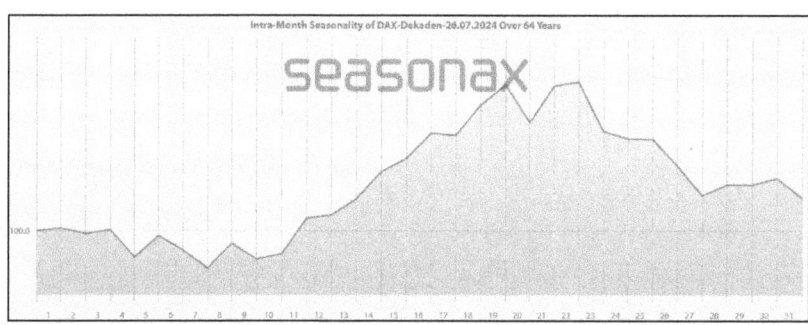

Abbildung 16.3: DAX im Februar der letzten 64 Jahre

Der Februar zeichnet sich durch eine starke und eine weniger starke Phase im Monatsverlauf aus.

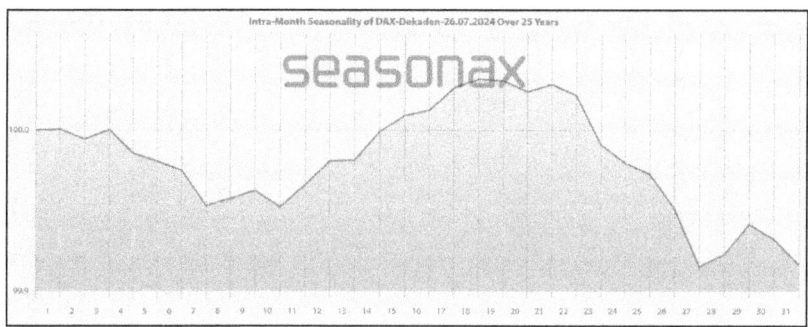

Abbildung 16.4: DAX im Februar der letzten 25 Jahre

Dies ändert sich auch im kürzeren Zeitraum nicht. Allerdings lässt die Performance in den letzten 25 Jahren deutlich nach und dreht ins Minus. Auch die Trefferquote wandelt sich von einem leichten Plus ins Minus.

DAX/März

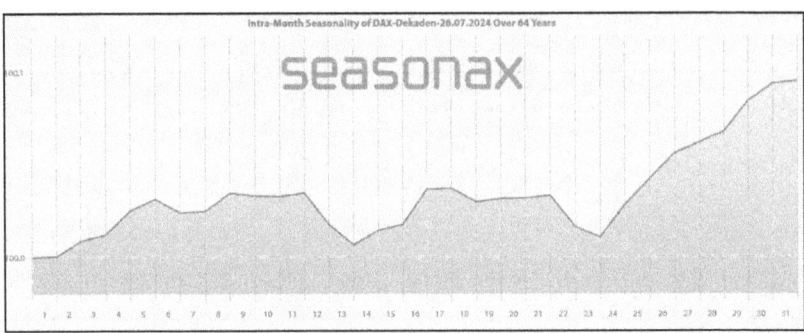

Abbildung 16.5: DAX im März der letzten 64 Jahre

Nach einer Seitwärtsentwicklung in der ersten Monatshälfte kann der März in der zweiten Hälfte dann deutlicher ins Plus drehen.

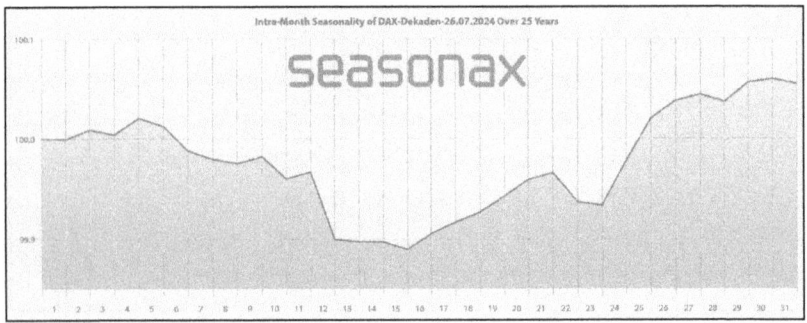

Abbildung 16.6: DAX im März der letzten 25 Jahre

Das Bild hat sich in den letzten Jahren dahingehend verändert, dass der DAX zunächst in der ersten Monatshälfte Abgaben zu verzeichnen hat. Dies wird in der zweiten Monatshälfte dann wieder aufgeholt. Diese Monatsentwicklung spiegelt sich auch in der Trefferquote wider. Lediglich die Performance fällt in den negativen Jahren im März schlechter aus als in den positiven Jahren.

DAX/April

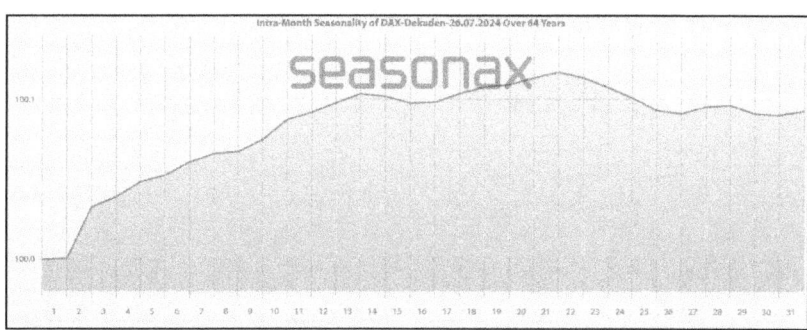

Abbildung 16.7: DAX im April der letzten 64 Jahre

Im April kann der DAX zunächst zulegen, um dann das Niveau zu halten.

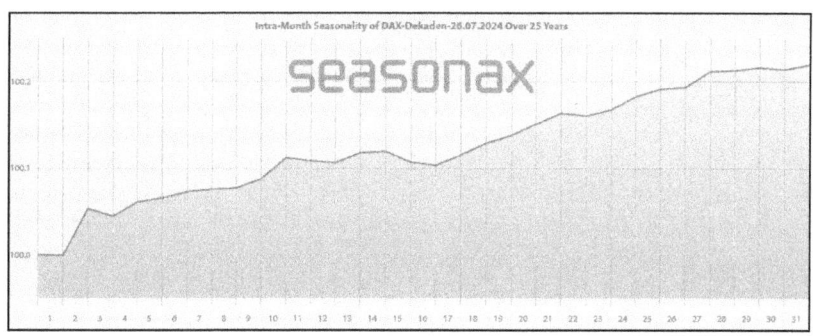

Abbildung 16.8: DAX im April der letzten 25 Jahre

Die Trefferquote ändert sich in den Jahrzehnten kaum und die durchschnittliche Monatsperformance verbessert sich sogar. Der Chart der letzten 25 Jahre spiegelt das eindrucksvoll wider.

DAX/Mai

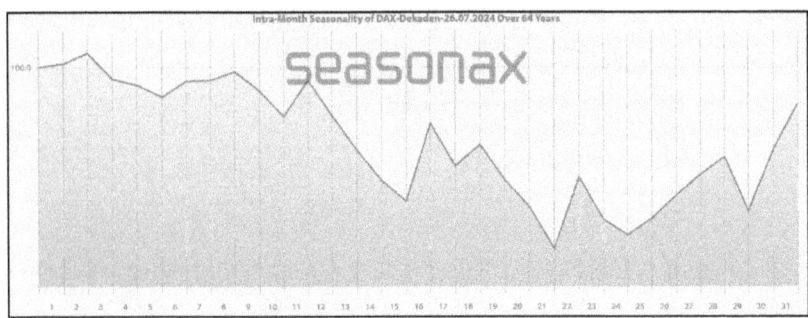

Abbildung 16.9: DAX im Mai der letzten 64 Jahre

Der sogenannte Wonnemonat Mai stellt sich im Chart nicht so gut dar, wie der landläufige Name verheißen könnte.

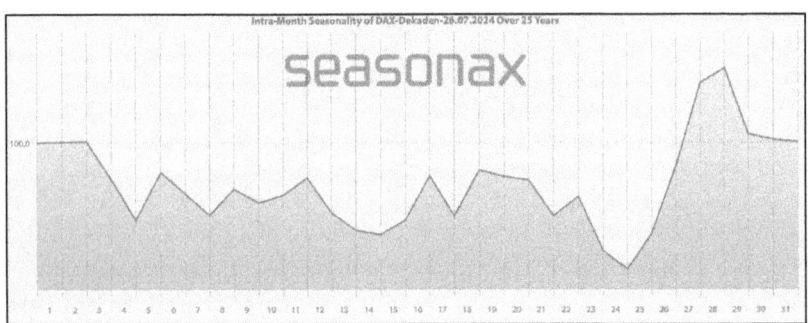

Abbildung 16.10: DAX im Mai der letzten 25 Jahre

Dies zeigen auch die Daten der Auswertung. Auch der im Schnitt kurze Anstieg zum Monatsende ändert daran nichts. Insgesamt sind die Trefferquote und die Prozentzahlen nahezu ausgeglichen.

DAX/Juni

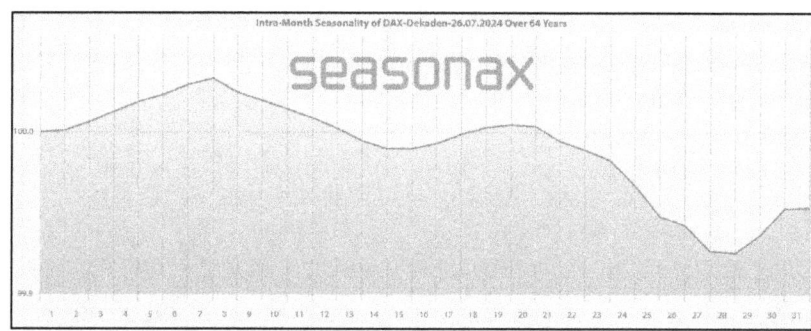

Abbildung 16.11: DAX im Juni der letzten 64 Jahre

Der Juni ist von rückläufigen Notierungen geprägt.

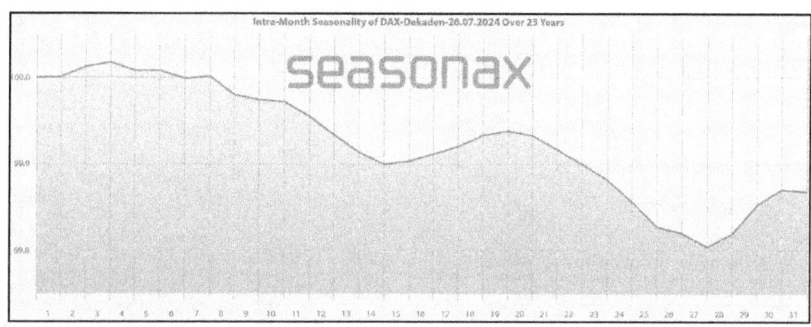

Abbildung 16.12: DAX im Juni der letzten 25 Jahre

Auch wenn in den positiven Jahren die Performance höher ausfällt als in den negativen Jahren, muss auf die Trefferquote geachtet werden, die eindeutig Richtung Verlust ausschlägt. Daran hat sich in den letzten Jahrzehnten auch nichts geändert.

DAX/Juli

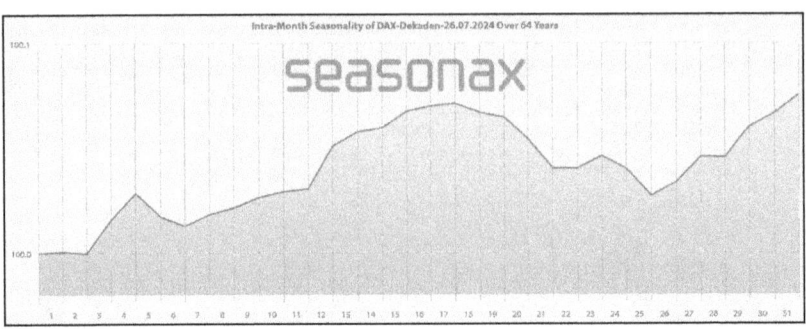

Abbildung 16.13: DAX im Juli der letzten 64 Jahre

Ein ganz anderes Bild als der Vormonat zeichnet der Juli.

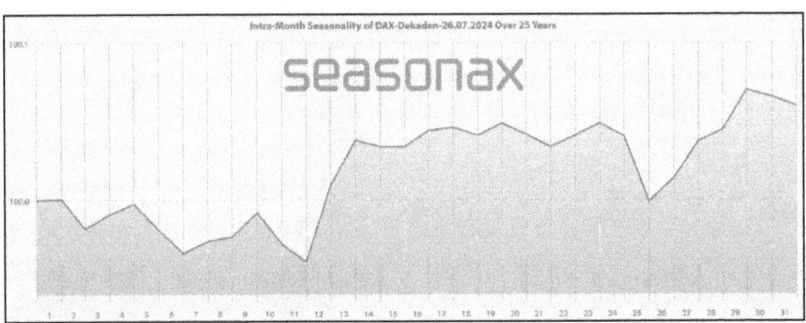

Abbildung 16.14: DAX im Juli der letzten 25 Jahre

Auch wenn es in den letzten 25 Jahren nicht mehr ganz so ruhig verlaufen ist wie im gesamten Zeitraum, zeigt sich doch ein deutliches Plus. Die Trefferquote ist im positiven Bereich. Allerdings muss die Performance als ausgeglichen bezeichnet werden, insbesondere in den letzten Jahren.

DAX/August

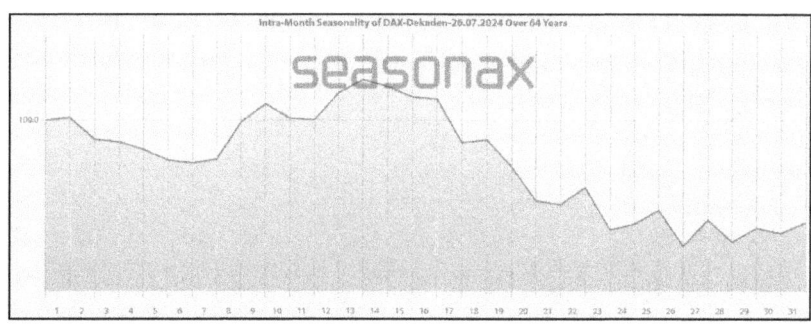

Abbildung 16.15: DAX im August der letzten 64 Jahre

Im August geht es nach dem positiven Juli wieder nach unten.

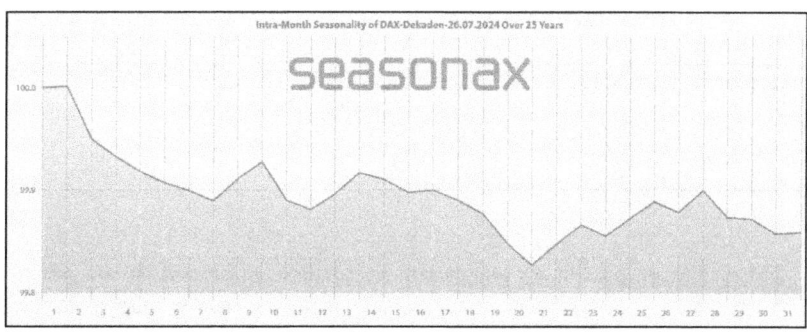

Abbildung 16.16: DAX im August der letzten 25 Jahre

Dabei ist die Trefferquote zwar ausgeglichen, die Verluste in den schwachen Jahren fallen aber deutlich höher aus als in den guten Jahren in diesem Zeitraum.

DAX/September

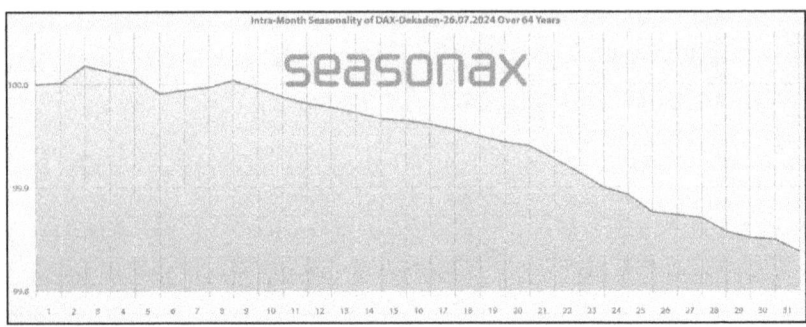

Abbildung 16.17: DAX im September der letzten 64 Jahre

Es ist nicht verwunderlich, dass der September nicht nur offensichtlich im Chart sehr negativ ausfällt.

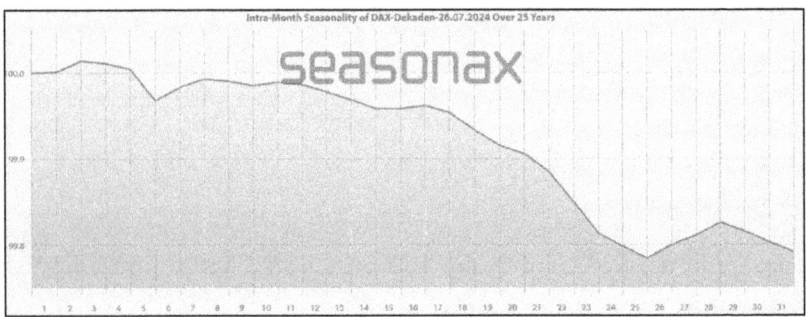

Abbildung 16.18: DAX im September der letzten 25 Jahre

An diesem Verhalten hat sich auch in den letzten 25 Jahren nichts geändert. In diesem Buch habe ich bereits mehrfach auf den Monat mit den größten Kursverlusten und auch den meisten Crashs hingewiesen. Kein Wunder, dass sich dies auch in den Daten widerspiegelt.

DAX/Oktober

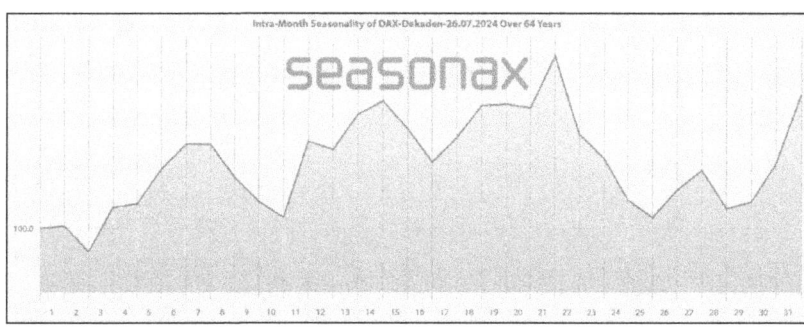

Abbildung 16.19: DAX im Oktober der letzten 64 Jahre

Auch im Oktober sind viele Kursturbulenzen zu beobachten.

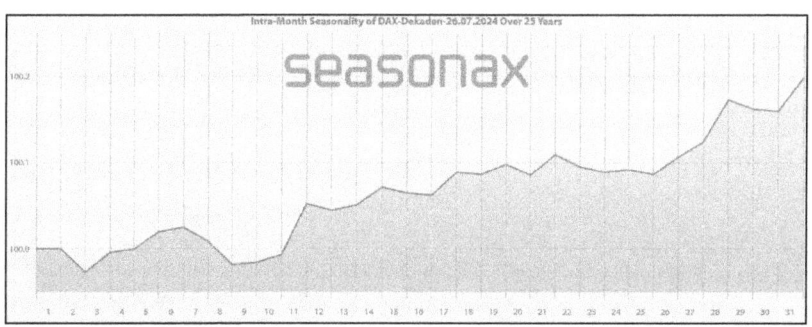

Abbildung 16.20: DAX im Oktober der letzten 25 Jahre

Diese werden aber durch die beginnende Jahresschlussrallye im Schnitt ausgeglichen. Das wird besonders in den letzten Jahren deutlich. Hier ist vor allem die gute Trefferquote von 35 zu 29 zu erwähnen, die sich in den letzten Jahren noch einmal verbessert hat. Bei einer Quote von 17 zu 8 kann die etwas höhere Negativperformance von 5,9 Prozent leicht vernachlässigt werden.

DAX/November

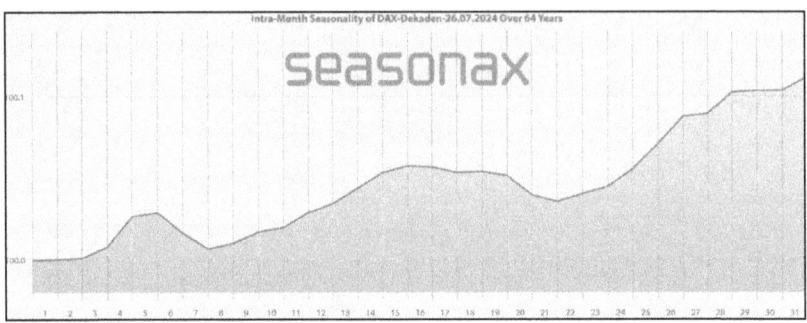

Abbildung 16.21: DAX im November der letzten 64 Jahre

Es ist nicht verwunderlich, dass der November nicht nur im Chart verführerisch aussieht.

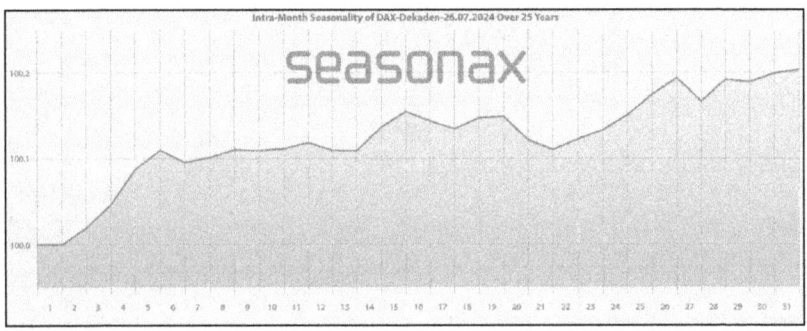

Abbildung 16.22: DAX im November der letzten 25 Jahre

Schließlich hat die Jahresschlussrallye längst begonnen, auch wenn diese in den Medien erst im Dezember auftaucht. Die Trefferquote ist mit die beste des ganzen Jahres. Lediglich die Performancezahlen lassen zu wünschen übrig. Hier wird in den eher wenigen Negativjahren ein höherer Verlust erzielt als in den positiven Jahren.

DAX/Dezember

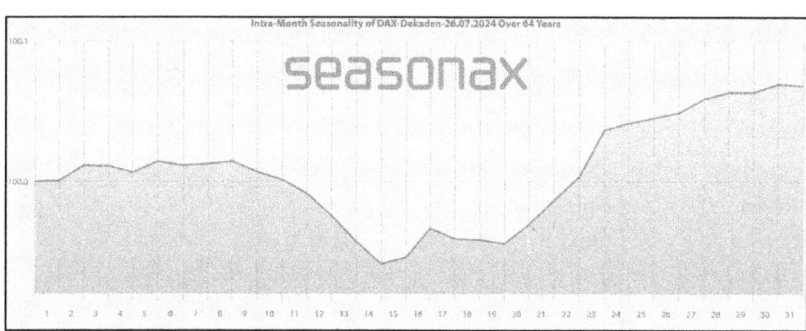

Abbildung 16.23: DAX im Dezember der letzten 64 Jahre

Der Jahresendrallyeeffekt läuft so langsam aus, auch wenn er jetzt erst in den Medien auftaucht.

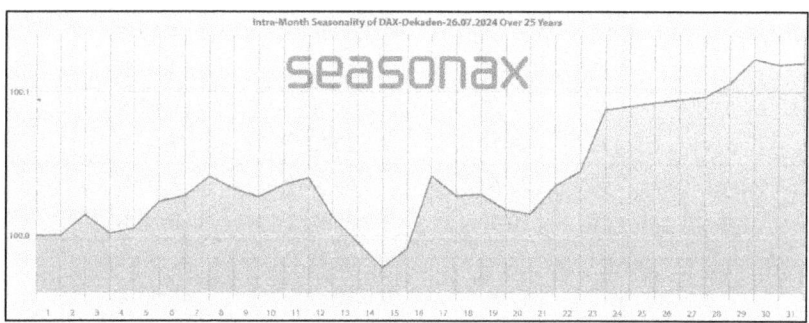

Abbildung 16.24: DAX im Dezember der letzten 25 Jahre

Trotzdem kann auch der Dezember eine positive Performance aufweisen. Sowohl die Trefferquote als auch die Performance stellen sich deutlich positiv dar.

DAX/Monatsübersichten

Monatsaufstellung DAX	Jahre	Trefferquote in Jahren für den Zeitraum	durchschnittliche Performance	durchschnittliche Performance in Negativjahren
Januar	64	36-28	4,50 %	-3,80 %
	25	12-13	4,20 %	-4,90 %
Februar	64	34-30	3,80 %	-4,00 %
	25	12-13	3,30 %	-4,60 %
März	64	43-21	3,50 %	-3,70 %
	25	16-9	3,80 %	-4,60 %
April	64	37-27	4,40 %	-3,30 %
	25	16-9	5,80 %	-2,80 %
Mai	64	32-32	4,10 %	-4,00 %
	25	12-13	4,30 %	-3,20 %
Juni	64	26-38	4,00 %	-3,50 %
	25	8-17	3,90 %	-3,80 %
Juli	64	37-26	4,60 %	-4,10 %
	25	14-10	4,70 %	-4,70 %
August	64	34-30	3,50 %	-5,00 %
	25	13-12	2,20 %	-5,40 %
September	64	22-42	3,80 %	-4,60 %
	25	10-15	4,00 %	-6,10 %
Oktober	64	35-29	5,50 %	-5,00 %
	25	17-8	5,70 %	-5,90 %
November	64	44-20	3,90 %	-4,40 %
	25	19-6	4,60 %	-5,40 %
Dezember	64	37-26	4,60 %	-3,10 %
	25	18-7	4,60 %	-4,70 %

Abbildung 16.25: Die einzelnen Monate des DAX als Tabelle

S&P 500/Januar

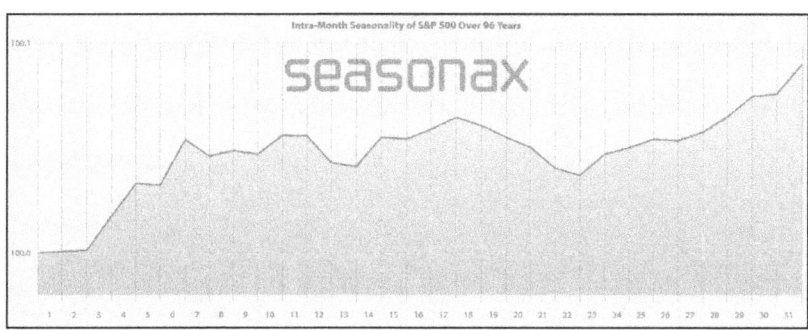

Abbildung 16.26: S&P 500 im Januar der letzten 96 Jahre

Der Chart zeigt einen guten Börsenmonat an.

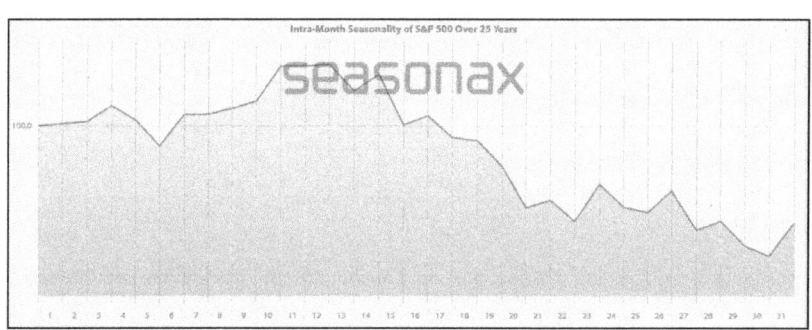

Abbildung 16.27: S&P 500 im Januar der letzten 25 Jahre

Allerdings hat sich die Statistik in den letzten Jahren massiv verschlechtert. Während über den gesamten Zeitraum sowohl in der Trefferquote als auch bei der Performance ein deutlich positives Verhältnis zu erkennen ist, hat sich dies zuletzt klar verschlechtert. Die Trefferquote ist knapp ausgeglichen und die Performance ins Negative gerutscht.

S&P 500/Februar

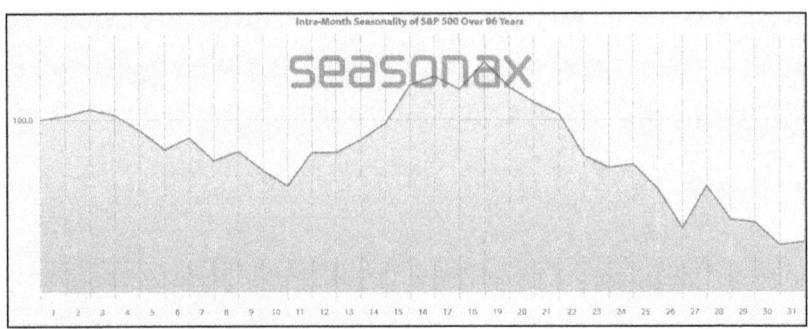

Abbildung 16.28: S&P 500 im Februar der letzten 96 Jahre

Tendenziell ist der S&P 500 im Februar rückläufig.

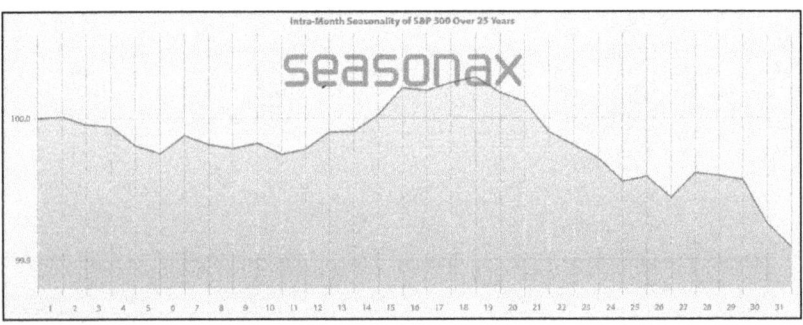

Abbildung 16.29: S&P 500 im Februar der letzten 25 Jahre

Sowohl im langen als auch im kurzen Zeitraum zeigt sich der Februar als schlechter Börsenmonat für den S&P 500. Die Trefferquote ist im langen Zeitraum zwar noch positiv, bei den Performancezahlen kann man aber in beiden Zeitabschnitten kaum Gewinne erzielen.

S&P 500/März

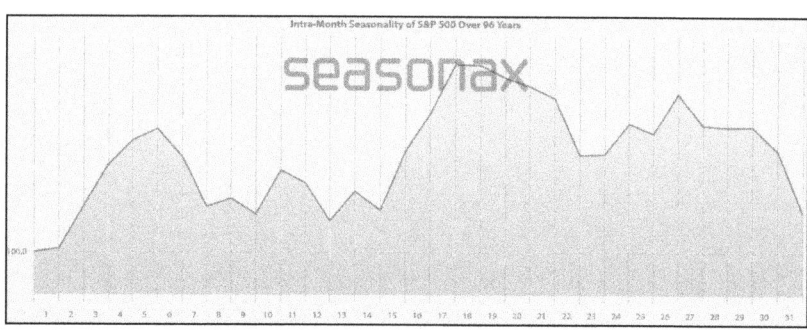

Abbildung 16.30: S&P 500 im März der letzten 96 Jahre

Die März-Volatilität ist einem Aufwärtstrend in der zweiten Monatshälfte gewichen.

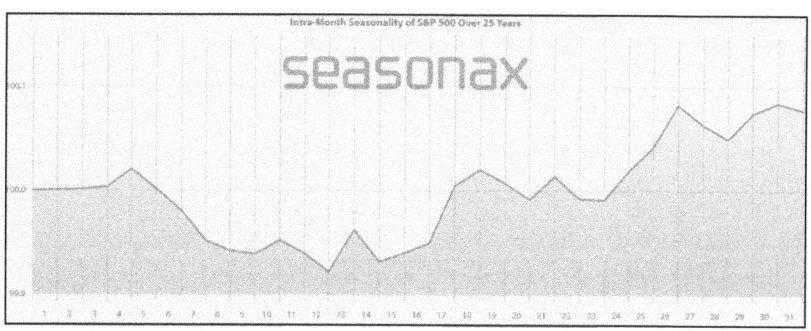

Abbildung 16.31: S&P 500 im März der letzten 25 Jahre

Insgesamt liegt die Performance im Schnitt bei negativen Jahren höher im Minus als in den positiven Jahren im Plus. Dabei ist die Trefferquote in beiden Zeiträumen deutlich positiv.

S&P 500/April

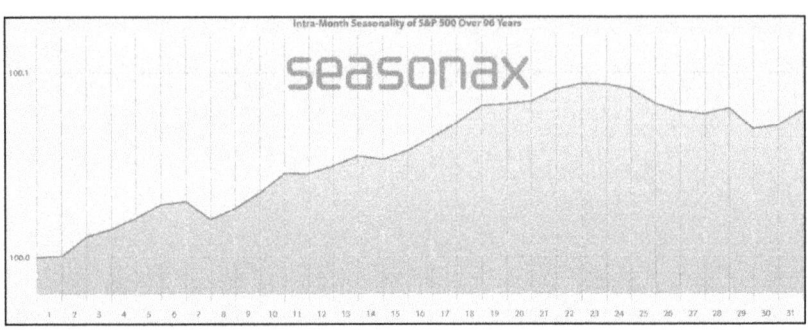

Abbildung 16.32: S&P 500 im April der letzten 96 Jahre

Der April stellt sich als guter Monat für kurzfristige Investments in den Vereinigten Staaten dar.

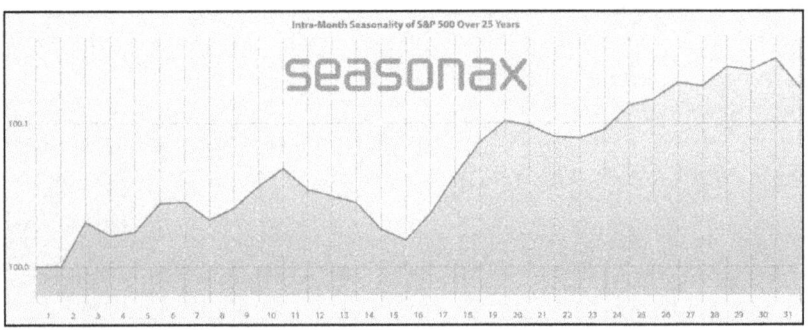

Abbildung 16.33: S&P 500 im April der letzten 25 Jahre

Die April-Daten zeigen in beiden Zeiträumen die gleichen positiven Trefferquoten wie im März. Allerdings sind die Performance-Zahlen deutlich besser als im Vormonat. Somit wird in den guten Monaten im Schnitt mehr verdient, als in den schlechten durchschnittlich verloren wird.

S&P 500/Mai

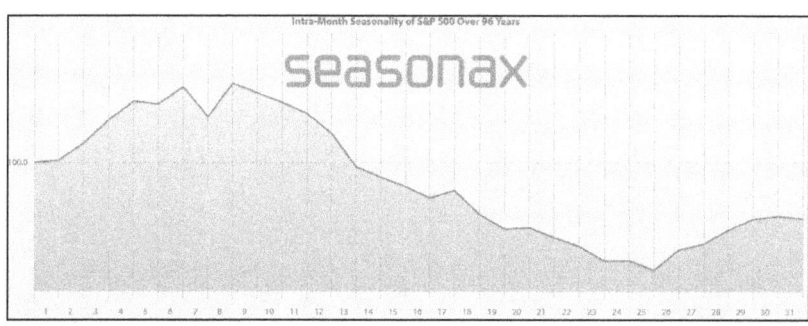

Abbildung 16.34: S&P 500 im Mai der letzten 96 Jahre

Der Mai ist kein guter Börsenmonat in den Vereinigten Staaten.

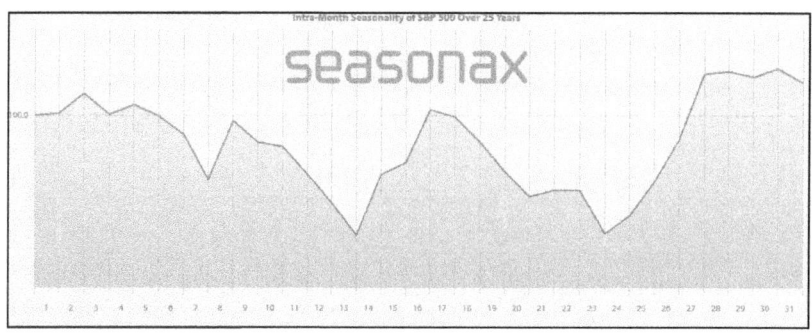

Abbildung 16.35: S&P 500 im Mai der letzten 25 Jahre

Auch wenn die Trefferquote in beiden Zeiträumen recht gut ist, wird diese durch die Verluste in negativen Jahren mehr als überkompensiert. Damit sollte man diesen Monat mit Vorsicht angehen.

S&P 500/Juni

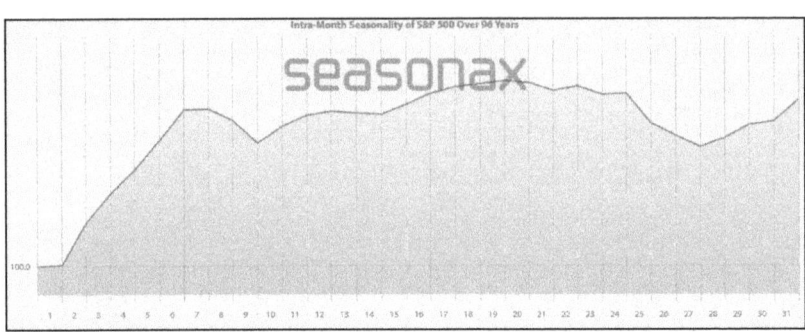

Abbildung 16.36: S&P 500 im Juni der letzten 96 Jahre

Der Juni entschädigt im langen Zeitraum für den unsicheren Mai.

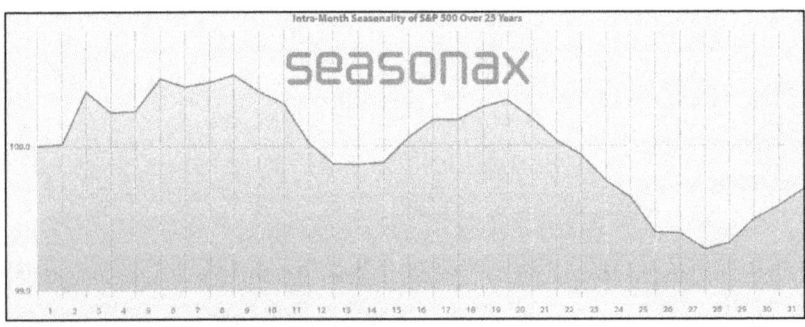

Abbildung 16.37: S&P 500 im Juni der letzten 25 Jahre

Allerdings konnten sowohl die gute Trefferquote als auch die positive Performance in den letzten Jahren nicht mehr bestätigt werden. Dies zeigt sich sowohl im Chart als auch in den Daten.

S&P 500/Juli

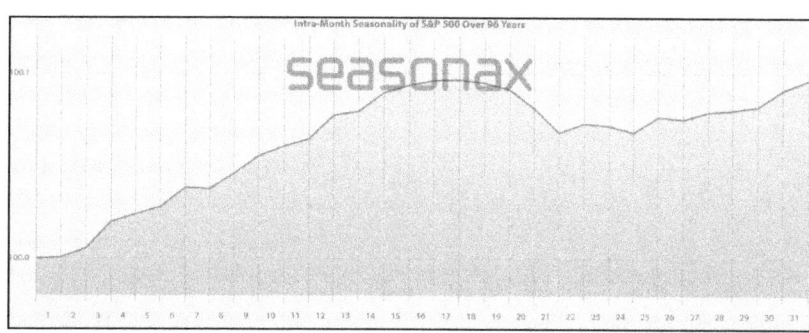

Abbildung 16.38: S&P 500 im Juli der letzten 96 Jahre

Der Sommermonat Juli stellt sich in den Vereinigten Staaten sehr gut dar.

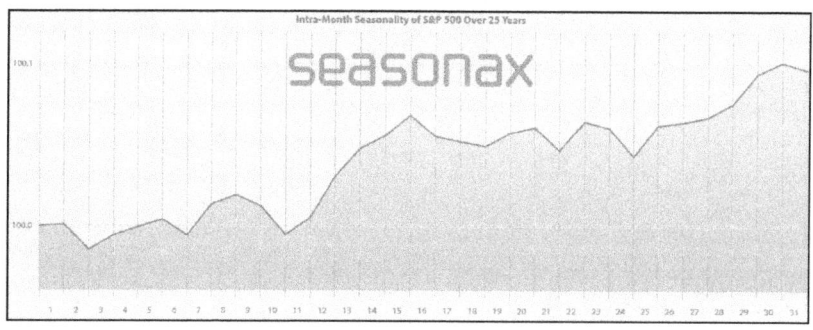

Abbildung 16.39: S&P 500 im Juli der letzten 25 Jahre

In beiden Charts ist zu erkennen, dass es sich beim Juli um einen besonders guten Börsenmonat handelt. Diese optische Erkenntnis wird mit den Daten zur Trefferquote und zur Performance unterstützt.

S&P 500/August

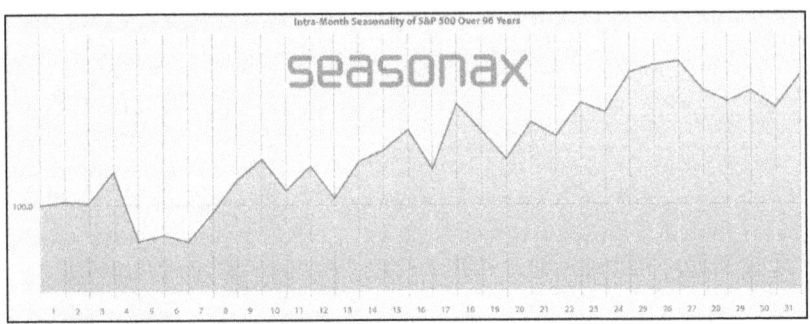

Abbildung 16.40: S&P 500 im August der letzten 96 Jahre

Beim August täuscht der Chart über die tatsächlichen Aussichten hinweg.

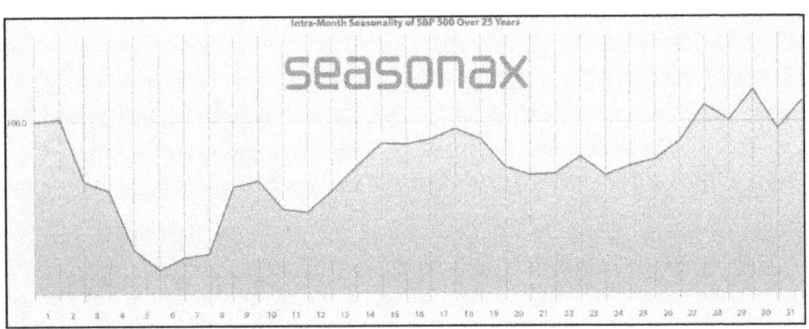

Abbildung 16.41: S&P 500 im August der letzten 25 Jahre

Auch wenn hier ein Aufwärtstrend in beiden Monaten zu erkennen ist, muss vor diesem Monat gewarnt werden. Die sehr gute Trefferquote im langen Zeitraum wird durch die negative Performance negiert. Im kurzen Zeitraum ist die Trefferquote nur noch ausgeglichen, was auch für die Performance gilt.

S&P 500/September

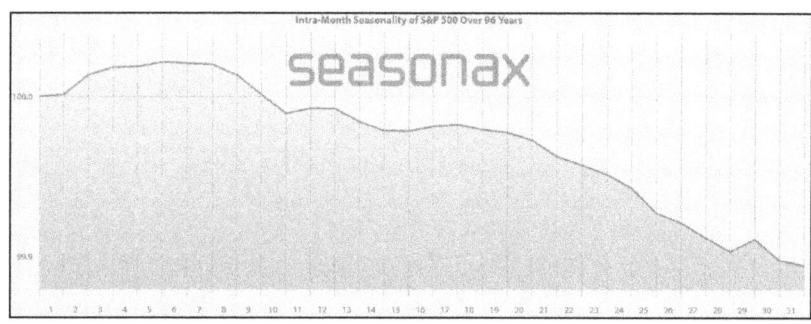

Abbildung 16.42: S&P 500 im September der letzten 96 Jahre

Der September in den Vereinigten Staaten gestaltet sich, nicht überraschend, ähnlich wie beim DAX.

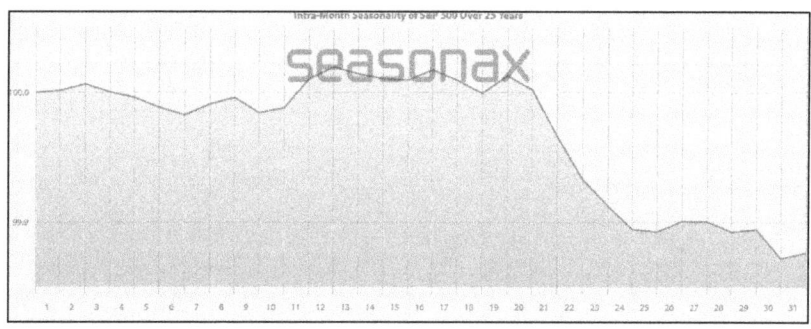

Abbildung 16.43: S&P 500 im September der letzten 25 Jahre

Die vielen Kursrückschläge und Crashs führen dazu, dass der September in allen Statistiken (Ausnahme Trefferquote 25 Jahre) negativ ausfällt.

S&P 500/Oktober

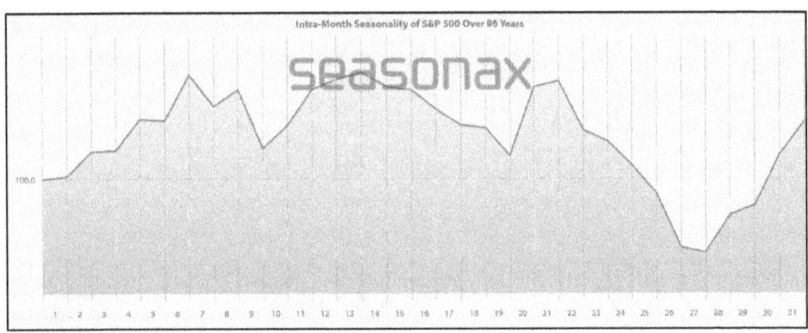

Abbildung 16.44: S&P 500 im Oktober der letzten 96 Jahre

Von der Trefferquote im langfristigen Chart her sollte die Jahresendrallye bereits begonnen haben. Die Performance ist aber insgesamt negativ.

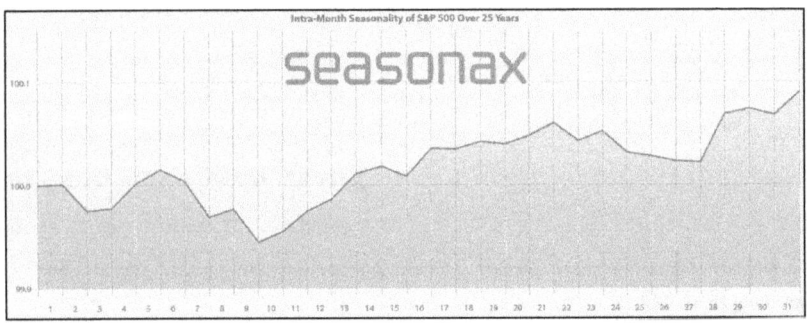

Abbildung 16.45: S&P 500 im Oktober der letzten 25 Jahre

Dieses Verhalten hat sich in den letzten 25 Jahren zum Besseren gewendet. Hier sind sowohl Trefferquoten als auch Performance im Plus.

S&P 500/November

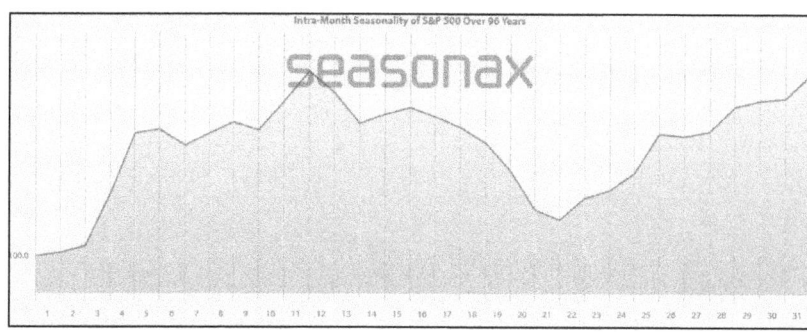

Abbildung 16.46: S&P 500 im November der letzten 96 Jahre

Dass die Jahresendrallye in vollem Gange ist, zeigt sich lediglich in der Trefferquote.

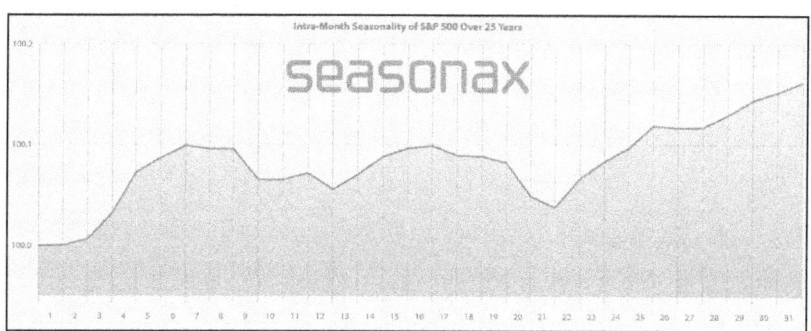

Abbildung 16.47: S&P 500 im November der letzten 25 Jahre

Die Performance kann hier nicht überzeugen. Diese Aussagen gelten für beide Zeiträume.

S&P 500/Dezember

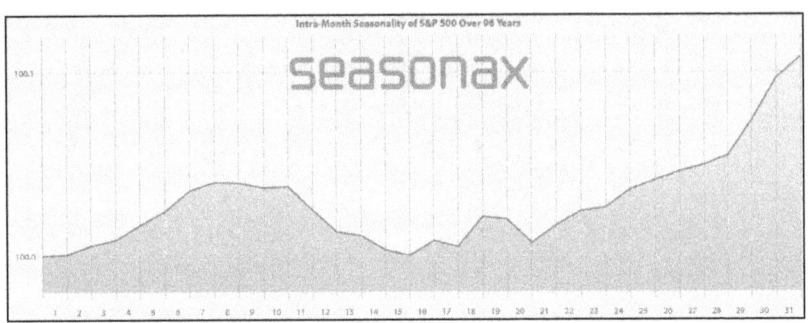

Abbildung 16.48: S&P 500 im Dezember der letzten 96 Jahre

Der von der Trefferquote her beste Monat in den Vereinigten Staaten ist eindeutig der Dezember.

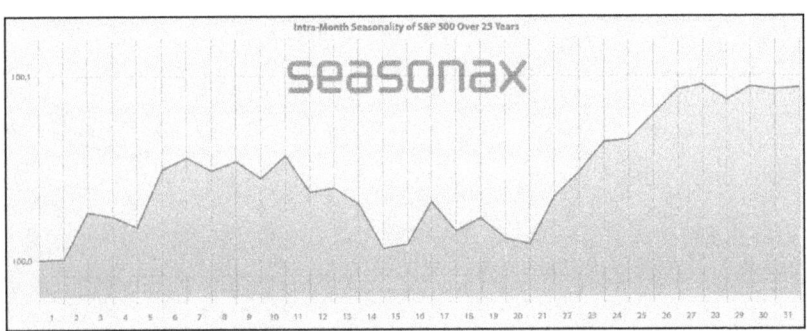

Abbildung 16.49: S&P 500 im Dezember der letzten 25 Jahre

Auch wenn die Performance in beiden Zeiträumen nicht außerordentlich gut ist, können die Trefferquoten dies kompensieren.

S&P 500/Monatsübersichten

Monatsaufstellung S&P 500	Jahre	Trefferquote in Jahren für den Zeitraum	durchschnittliche Performance	durchschnittliche Performance in Negativjahren
Januar	96	58-38	4,40 %	-3,60 %
	25	13-12	3,20 %	-4,10 %
Februar	96	52-44	2,60 %	-3,80 %
	25	12-13	3,00 %	-4,60 %
März	96	58-38	3,00 %	-4,20 %
	25	17-8	3,50 %	-4,80 %
April	96	57-37	4,30 %	-3,80 %
	25	17-8	3,80 %	-3,30 %
Mai	96	54-42	3,20 %	-4,80 %
	25	15-10	2,70 %	-3,60 %
Juni	96	50-44	4,10 %	-2,90 %
	25	11-14	3,00 %	-2,80 %
Juli	96	61-35	4,20 %	-4,00 %
	25	16-9	3,40 %	-2,70 %
August	96	55-40	3,50 %	-4,20 %
	25	13-12	2,80 %	-3,20 %
September	96	44-52	2,90 %	-4,70 %
	25	13-12	2,60 %	-5,40 %
Oktober	96	57-38	4,00 %	-5,00 %
	25	15-9	4,30 %	-3,90 %
November	96	55-40	3,80 %	-4,10 %
	25	18-7	3,60 %	-4,20 %
Dezember	96	71-25	2,90 %	-3,30 %
	25	19-6	3,00 %	-4,70 %

Abbildung 16.50: Die einzelnen Monate des S&P 500 als Tabelle

Welche Events erwarten Sie im Jahresverlauf?

Januar

- Dritter Montag im Januar: Martin Luther King Day (USA)
- Der Januar-Effekt: Nicht bewiesene Behauptung, wie der Januar läuft, läuft das ganze Jahr.
- Olympische Winterspiele im Wechsel mit Sommerspielen alle vier Jahre

Februar

- Beginn der Berichtssaison für das vierte Quartal

März

- Prognosen der Notenbanken für das anstehende Jahr
- Dreifacher Options&Futures-Verfallstermin am 3. Freitag (D + USA)

April

- Dividendensaison in Deutschland beginnt

Mai

- Dividendensaison in Deutschland endet
- Letzter Montag im Mai: Memorial Day (USA)
- Sell in May and go away?

Juni

- In Sommermonaten finden alle vier Jahre Fußball-Weltmeisterschaften der Männer statt, Frauen im Folgejahr.
- Dreifacher Options&Futures-Verfallstermin am 3. Freitag (D + USA)

Juli

- Start Berichtsperiode für das zweite Quartal
- Olympische Sommerspiele im Wechsel mit Winterspielen alle vier Jahre

August

- Urlaubszeit und daher wenig Beachtung an der Börse

September

- Erster Montag im September: Labor Day (US)
- Vorsicht vor Kursrückgängen oder Crashs
- Dreifacher Options&Futures-Verfallstermin am 3. Freitag (D + USA)

Oktober

- Beginn der Jahresschlussrallye
- Zweiter Montag im Oktober: Columbus Day (USA)

November

- Alle vier Jahre finden im November die US-Präsidentschaftswahlen statt.
- Vierter Donnerstag im November: Thanksgiving (USA)
- Freitag nach Thanksgiving: Black Friday (USA + D)
- Heiratssaison in Indien von November bis Februar wegen Gold

Dezember

- Dreifacher Options&Futures-Verfallstermin am 3. Freitag (D + USA)

Schlusswort

Von allen Büchern, die ich bislang schreiben durfte und die auch veröffentlicht wurden, ist mir dieses rückblickend am leichtesten aus der Feder (natürlich in die Tastatur) geflossen. Vielleicht liegt es daran, dass die Begeisterung so groß war, oder auch einfach nur, weil es dieses Mal keine Störfeuer von außen gab, die mich am Schreiben gehindert haben.

Wie dem auch sei, ich hoffe, meine Begeisterung für dieses Thema hat Sie angesteckt. Vielleicht können Sie Ihre Performance ja ebenfalls durch die Anwendung von Saisonalitäten steigern. Eventuell schärft es auch bei Ihnen das Bewusstsein für Zyklen, die an der Börse vorherrschen. Erkennen heißt in diesem Zusammenhang auch zum eigenen Vorteil nutzen.

Ich wünsche Ihnen von Herzen, dass Sie dies auch erfolgreich umsetzen können. Wenn dem so ist, freue ich mich auch darüber, wenn Sie Ihren Erfolg teilen. Nicht durch Worte oder gar angeberisches Verhalten, wie es im Zusammenhang mit Börsenerfolgen besonders bei selbsternannten Fachleuten leider oft der Fall ist, sondern durch eine Spende an die, die nicht an der Börse spekulieren können, weil sie zum Beispiel morgens nicht wissen, ob sie abends satt sein werden. Es gibt viele gute Institutionen, die sich über jeden Euro freuen. Sie gewinnen auf jeden Fall das gute Gefühl, geholfen zu haben. Spenden Sie 10 Prozent Ihrer Gewinne an solche Einrichtungen. Sie werden sehen, was es für Ihr Wohlbefinden, welches an der Börse wichtig ist, bringen wird. Ich verspreche Ihnen, Sie werden mit einem ganz anderen Gefühl Gewinne einfahren. Mir ist es so gegangen, als ich begonnen habe, 10 Prozent zu spenden. Mit einer Spendenbescheinigung kann man sogar das Finanzamt beteiligen.

Wenn Sie regelmäßig Analysen zum Thema Saisonalitäten sehen wollen, dann können Sie sich auf meinem YouTube-Kanal anmelden. Hier gebe ich regelmäßig Informationen zu meinen aktuellen technischen Analyseergebnissen, was auch die saisonalen Charts umfasst. YouTube: @ChristophGeyerCFTe

Ebenso können Sie an der monatlichen Chart-Show in Zusammenarbeit mit der Börse Düsseldorf teilnehmen. Hier werden in jeder Show viele aktuelle saisonale Charts gezeigt und besprochen. Die Anmeldung für diese Show finden Sie unter »Termine« auf meiner Homepage www.christophgeyer.de.

Sollten Sie Ihre eigenen Analysen vornehmen wollen, was ich Ihnen nur empfehlen kann, dann können Sie über folgenden Link einen für 30 Tage begrenzten kostenfreien Zugang zu den Charts von Seasonax erhalten. Über diesen Link bekommen Sie beim Abschluss eines Abos auch einen Rabatt.

https://lddy.no/1jc3c

Sollten Sie einen anderen qualitativ hochwertigen Anbieter zu einem besseren Preis finden, steht es Ihnen selbstverständlich frei, auch diesen zu nutzen. Prüfen und vergleichen Sie, womit Sie am erfolgreichsten arbeiten können. Ihr Erfolg steht im Vordergrund.

Nun wünsche ich Ihnen viel Erfolg bei der Umsetzung der in diesem Buch gezeigten Strategien und gewonnenen Erkenntnissen.

Denken Sie immer daran: Geld ist nicht alles, bleiben Sie vor allem gesund, friedlich und ehrlich.

Mit den besten Grüßen

Ihr
Christoph Geyer

Über den Autor

Christoph Geyer ist ausgebildeter Technischer Analyst und Ausbilder für angehende Technische Analysten. Er war über 40 Jahre im Bankgeschäft tätig. Er behauptet von sich, dass er in der glücklichen Lage sei, sein Hobby zum Beruf gemacht zu haben. Christoph Geyer betreibt einen YouTube-Kanal und führt einmal im Monat mit der Börse Düsseldorf eine Online-Veranstaltung durch. Er ist seit einigen Jahren Autor von Börsenbüchern. Christoph Geyer hält Vorträge an Universitäten und eigene Ausbildungsveranstaltungen. Termine finden Sie auf seiner Homepage www.christophgeyer.de.

Geyer engagiert sich für gemeinnützige Institutionen (Freiwillige Feuerwehr) und veranstaltet einmal im Jahr eine Charity-Aktion für benachteiligte Mitbürger, bei der er sich über jede Unterstützung freut.

Stichwortverzeichnis

A Achtjahreszyklus 176
Agrarmärkte 19
Agrarsaisonalitäten 20
Aktie 49
Amazon 129, 166
American Football Conference (AFC) 91
Anheuser Bush 171
Anlageempfehlung 27
Annualized Return 25
Auf- oder Abwärtstrend 28, 32
Average Profit 25
Average Return 25
B Bank of America 133
Berichtssaison 22
Bitcoin 178
Black Friday 128
Bundestagswahl 64
C Columbus Day 111
COVID-19 31
Crash 32, 95
D Darstellung 50
Datenveröffentlichung 115
Dekadenzyklus 50
Depotstand 50
Detrending 33
Deutsche Bank 132, 166
Dividende 17
E Einzelwert 125, 128
Erntezeit 20
Ertragszahlen 22
Esoterik 85
Europäische Zentralbank (EZB) 120
Event 128
F Farmprodukt 49
Federal Reserve (FED) 115
Feiertage 107
Formation 28
Frauenfußball 74
Fußballeuropameisterschaft 77
Fußballweltmeisterschaft 74

G Gains 25
Geschäftsbank 132
Gold 40, 173
Goverment Shutdown 102
H Heiratssaison 173
Hexensabbat 98
Hurricane-Saison 20
I Implizite Volatilität 95
Index 49
Indien 173
Intraday-Handel 145
Intradayzyklus 50
J Jahreszeitenwechsel 19
K Kalender 181
Kupfer 41
L Labor Day 107
Losses 25
Lotus Bakeries 164
M Mais 20
Martin Luther King Day 109
Mattel 130
Max. Loss 25
Max. Profit 25
Median Return 25
Memorial Day 110
Metalle 49
Monatserster 99
Mondfinsternis 88
Mondphase 50, 85
Money-Management 17
N Nacht 19
Nachwahljahr 54, 66
National Football Conference (NFC) 91
Neujahr 114
Neumond 86
Notenbank 132
Notenbank-Events 115
Notenbank-Meeting 50
Nvidia 167
O Oktober-April-Phase 104
Olympische Spiele 80

Options&Futures-Verfallstermin 98
P Pandemie 31
Präsidentschaftswahlzyklus 35, 57
Profit bei negativen Prozenten 25
Profit bei positiven Prozenten 25
Q Quartalsbeginn 101
Quartalsende 101
S Seasonax-Chart 22
Sommerspiele 80
Sonnenfinsternis 89
Sonnenphase 50
Sportgroßereignis 73
Sternenkonstellationen 85
Steuertermin 16, 21
Stopp 135
Strategie 134
Super Bowl 90
T Tag 19
Thanksgiving 113
Tortendiagramm 25
Total Profit 25

Trend 28
Tripple-Witch-Hour 98
U US-Präsident 51
V Verschwörungstheorie 175
Volatilität 49, 95
Vollmond 85, 87
Vorwahljahr 56, 69
W Wahl 51
Wahljahr 51, 65
Wahrscheinlichkeit 17
Währung 49
Walmart 130
Wetter 20
Winning Trades 25
Winterspiele 82
Wochentag 159
Z Zeitstopp 128
Zertifikat 19
Zinsänderung 118, 123
Zinsen 49
Zinserhöhung 117, 123
Zinssenkung 116, 121
Zwischenwahljahr 55, 68
Zyklus 50